中国职业经理人年度报告

2021

职业经理研究中心　编著

中国财富出版社有限公司

图书在版编目（CIP）数据

中国职业经理人年度报告. 2021 / 职业经理研究中心编著. —北京：中国财富出版社有限公司，2021.12

ISBN 978-7-5047-7637-2

Ⅰ.①中… Ⅱ.①职… Ⅲ.①企业管理—研究报告—中国—2021 Ⅳ.①F279.23

中国版本图书馆 CIP 数据核字（2022）第 008035 号

策划编辑 李 晗　　责任编辑 邢有涛 张天穹　　版权编辑 李 洋
责任印制 梁 凡　　责任校对 孙丽丽　　责任发行 黄旭亮

出版发行 中国财富出版社有限公司
社 址 北京市丰台区南四环西路 188 号 5 区 20 楼　　邮政编码 100070
电 话 010-52227588 转 2098（发行部）　　010-52227588 转 321（总编室）
010-52227566（24 小时读者服务）　　010-52227588 转 305（质检部）
网 址 http://www.cfpress.com.cn　　排 版 宝蕾元
经 销 新华书店　　印 刷 宝蕾元仁浩（天津）印刷有限公司
书 号 ISBN 978-7-5047-7637-2/F·3441
开 本 787mm×1092mm 1/16　　版 次 2022 年 6 月第 1 版
印 张 10.75　　印 次 2022 年 6 月第 1 次印刷
字 数 216 千字　　定 价 128.00 元

编 委 会

前　言

2020年是极为不平凡的一年，新冠肺炎疫情在全球肆虐蔓延。中国在以习近平同志为核心的党中央的坚强领导下，准确判断形势，果断采取行动，通过艰苦努力，经济运行逐步恢复常态。根据有关统计显示，在2020年全球主要经济体中，中国是唯一一个实现经济正增长的国家。而且，2020年，中国经济总量突破了100万亿元大关，中国经济实力、科技实力、综合国力又跃上一个新的台阶。然而，在新冠肺炎疫情不断蔓延的情势下，国内外社会环境都存在许多不确定性和复杂性，中国企业尤其是一些中小企业和出口贸易类企业等都将面临很大考验，中国的经济基础尚不十分牢固。

在新冠肺炎疫情的冲击下，全球经济活动急剧萎缩，全球贸易与产业链等受到严重打击。企业作为经济生活最敏感、最活跃的经济单元，首当其冲受到严重的影响，有的企业甚至陷入停摆状态或倒闭。全球经济还存在很大的不确定性，经济形势仍然复杂严峻，这种情况今后可能要延续相当长的一段时间。

新冠肺炎疫情的发生，对人们的生产和生活方式产生深远的影响，催生出一些新型商业模式。5G、人工智能、物联网等新技术得到了广泛应用，短视频、直播带货等在线娱乐、在线营销逆势增长，远程办公、在线教育、互联网医疗等新模式逐渐成长壮大，线上线下正在加速融合，这些为中国经济发展注入新的活力。然而，从另一个角度来看，新兴业态的商业模式也对企业管理提出新的挑战，要求企业和企业管理者不断完善经营管理能力，提升适应新的发展环境的能力，这样才能抓住新机遇，促使企业能够更好更快的发展。另外，面对如此复杂且百年不遇的严峻环境，企业和企业管理者也要不断调整提升自己，不断持续强化经营管理能力，不断提升自身竞争能力和创造能力，这样才能使企业在危机中破浪前行。

企业是推动社会经济发展的主体。中国企业的健康、可持续发展是实现中国经济转型升级和高质量发展的关键所在。国有企业是党和国家事业发展的重要物质基础和政治基础，也是推进国家现代化、保障人民共同利益的重要力量，在中国经济社会发展中起着“顶梁柱”和“压舱石”的作用。在新冠肺炎疫情严重冲击下，如何确保中国经济稳定发展，国有企业使命和责任尤为重大。当前和今后一个时期，中国发展仍然处于重要战略机遇期。国有企业要能够真正成为核心竞争力的市场主体，要在创新引领方面发挥更大作用，要在提升产业链供应链水平上发挥引领作用，要在保障社会民生和应对重大挑战等方面发挥特殊保障作用，要在维护国家经济安全方面发挥基础性作用。

为更好地推进国有企业进一步可持续发展，2020 年 6 月，中央全面深化改革委员会审议通过《国企改革三年行动方案（2020—2022 年）》，标志着国有企业改革进入一个新的阶段，对做强做优做大国有企业，增强国有企业活力、提高效率、加快构建新发展格局，都具有重要意义。

国有企业改革三年行动方案在“健全市场化经营机制”方面提出，到 2022 年国有企业子企业全面推行并执行经理层成员任期制和契约化。优先支持商业类子企业按照市场化选聘、契约化管理、差异化薪酬、市场化退出原则，加快推行职业经理人制度。

在国有企业改革三年行动方案提出的深化混合所有制改革方面，2019 年 10 月，国务院国资委发布的《中央企业混合所有制改革操作指引》中就提出，建立市场化选人用人机制，实现管理人员能上能下。推动混合所有制企业在更大范围实行经理层成员任期制和契约化管理，具备条件的建立职业经理人制度，积极探索建立与市场接轨的经理层激励制度。

在国有企业改革三年行动方案提出的推动一系列国企改革专项行动落实落地方面，就包括“双百行动”“区域性综改试验”“科改示范行动”、世界一流企业创建等。其中，在“双百行动”方面，2020 年 2 月，国务院国有企业改革领导小组办公室就印发了《“双百企业”推行经理层成员任期制和契约化管理操作指引》和《“双百企业”推行职业经理人制度操作指引》，为“双百企业”全面推行经理层成员任期制和契约化及职业经理人制度提供系统规范的操作指南。在“科改示范行动”方面，2019 年 12 月，国务院国有企业改革领导小组办公室印发的《百户科技型企业深化市场化改革提升自主创新能力专项行动方案》就明确提出，健全市场化选人用人机制，科技型企业全面推行经理层成员任期制和契约化管理，加快建立职业经理人制度。

在党和国家的政策指引下，政府有关部门、中央企业和地方国有企业等在推行经理层成员任期制和契约化以及职业经理人制度建设等方面也进入快速推进、实质进展的新阶段，取得了许多重要成果。当然也要看到，国有企业改革仍然存在许多困难，还有部分改革难点亟待突破。比如，在推进经理层成员任期制和契约化及职业经理人制度建设等工作方面，就遇到了一些情况和问题。一些政府部门和国有企业对经理层成员任期制和契约化及职业经理人制度建设还缺乏深刻的认识；在改革尺度把握上有时也不够准确；有些企业经营管理模式还没有真正发生质的变化，市场化程度不够彻底，有些企业在经理层和职业经理人的权、责、利方面也不是十分统一等问题。这些问题的存在造成一些国有企业在推进经理层成员任期制和契约化及职业经理人制度建设等工作上进展比较缓慢，出现了一些新的问题。

为更好地促进职业经理人有关工作的开展，职业经理研究中心积极发挥好自身公益性职能，组织研究编撰了《中国职业经理人年度报告2021》，旨在通过提供全面、及时、客观、准确的职业经理方面的信息和数据，集中、系统、全面、持续、准确地反映职业经理领域的现状与发展进程，呈现政策导向与时代背景，反映客观实际与现实思考，力求与时俱进，体现时代特点，以便为中国职业经理人有关工作的开展提供可借鉴的做法和相关研究成果。

本报告内容主要包括政策篇、实践篇、市场篇、专题篇等内容。其中，政策篇主要是研究分析中央和地方出台的职业经理人相关政策。实践篇主要研究分析一些中央企业和地方国有企业及地方国有企业监管部门在经理层成员任期制和契约化管理以及职业经理人制度建设上的有关实践等内容。市场篇主要是以人才市场和上市公司为研究对象，研究分析企业高级管理人员供需情况及上市公司高级管理人员薪酬情况和股权激励情况等内容。专题篇主要从职业经理人标准、评价技术在国有企业市场化选聘高级经营管理人才中的应用、企业市场化经营管理人才激励、宁波职业经理人能力特征与幸福指数等方面进行研究。

在《中国职业经理人年度报告2021》的研究编撰过程中，职业经理研究中心得到有关政府部门、研究单位、专业机构、行业协会、企业和专业人士等的大力支持和帮助。在此，对他们的支持和帮助表示衷心的感谢！由于编撰比较匆忙，本报告还存在很多需要改进的地方，欢迎大家批评指正，以便在今后的编撰工作中加以改进和完善。同时也希望大家共同努力，为中国经济、中国企业、中国职业经理人事业的健康持久发展做出积极的贡献。

目　录

政策篇

实践篇

市场篇

专题篇

政策篇

本篇结合国有企业落实加快建设世界一流企业新要求，大力实施国企改革三年行动的生动实践，围绕中央和地方两个层面对国企改革三年行动、经理层成员任期制和契约化管理、推行职业经理人相关政策进行研究，为职业经理人队伍建设和制度建设提供强有力的政策支撑。

第一章　中央出台的职业经理人相关政策

一、《国企改革三年行动方案（2020—2022年）》中的职业经理人相关政策

2020年6月30日，中央全面深化改革委员会第十四次会议审议通过《国企改革三年行动方案（2020—2022年）》（以下简称《三年行动方案》），这意味着2020年5月全国“两会”政府工作报告提出的实施国企改革三年行动正式落地。《三年行动方案》进一步明确了国企改革的目标、时间表、路线图，是面向新发展阶段我国深化国有企业改革的纲领性文件，是落实改革顶层设计的具体“施工图”，坚持“两个一以贯之”，加快完善中国特色现代企业制度；积极稳妥深化混合所有制改革，促进各类资本优势互补、共同发展；不断健全市场化经营机制，充分激发企业活力；加强党的领导和党的建设，为国有企业改革发展提供根本保证等重点任务。

《三年行动方案》围绕完善中国特色现代企业制度明确提出：一是把加强党的领导和完善公司治理统一起来，加快建立各司其职、各负其责、协调运转、有效制衡的公司治理机制。国有企业党委（党组）把方向、管大局、保落实，董事会定战略、做决策、防风险，经理层谋经营、抓落实、强管理，各治理主体不缺位、不越位，不相互替代，不各自为政。二是加强董事会建设落实董事会职权。2020年修订中央企业董事会规范运作办法、董事会和董事评价办法、外部董事履职指南等文件。健全外部董事选聘和管理制度，拓宽外部董事来源渠道，选聘一批现职国有企业负责人及专业人才任专职外部董事。董事会中外部董事原则占多数。深化中央企业集团公司层面落实董事会职权试点。三是保障经理层依法行权履职。到2022年，国有企业全面建立董事会向经理层授权的管理制度，依法明确董事会对经理层的授权原则、管理机制、事项范围、权限条件等主要内容，充分发挥经理层经营管理作用。严格落实总经理对董事会负责、向董事会报告的工作机制，强化工作监督。

《三年行动方案》围绕健全市场化经营机制明确提出：一是推行经理层成员任期制

和契约化管理。国有企业经理层成员全面实行任期管理，签订聘任协议和业绩合同，按照约定严格考核，实施聘任或解聘，兑现薪酬。优先支持商业类子企业按照市场化选聘、契约化管理、差异化薪酬、市场化退出原则，加快推行职业经理人制度。二是完善市场化薪酬分配机制。深化企业内部分配制度改革，建立健全按业绩贡献决定薪酬的分配机制，实行全员绩效考核，一岗一薪，易岗易薪。建立具有市场竞争优势的核心关键人才薪酬制度，推动薪酬分配向作出突出贡献的人才和一线关键苦、脏、险、累岗位倾斜。三是灵活开展多种方式的中长期激励。支持更多国有企业统筹运用各类中长期激励政策，强化业绩考核和激励水平"双对标"，实现激励与约束相统一。鼓励建立超额利润分享机制，鼓励按照风险共担、利益共享原则实施跟投。

2020 年 6 月，国务院发布的关于落实政府工作报告重点工作部门分工的意见中提出，由国务院国资委牵头实施国企改革三年行动。2020 年是国企改革三年行动的开局之年，国务院国资委提出 2020 年七大改革方向，包括完善中国特色现代企业制度、加快建立健全市场化经营机制、积极稳妥分层分类深化混合所有制改革、大力推进"双百行动""区域性综改试验""科改示范行动"等专项工程以及进一步加强党对国有企业的全面领导等。其中，围绕完善中国特色现代企业制度，要推动董事会应建尽建；理清党委（党组）、董事会、经理层等各治理主体的权责边界，落实董事会职权，加快建立各司其职、各负其责、协调运转、有效制衡的公司治理机制。围绕加快建立健全市场化经营机制，要大力推进经理层成员任期制契约化管理和职业经理人制度；推动国有企业积极统筹运用各类中长期激励政策，着力提高企业活力和效率。

中央企业积极落实《三年行动方案》，围绕董事会建设提出了新的要求。如：中国诚通提出完善董事会运作机制和董事会议事规则，建立健全董事会授权放权清单，明确董事会对经理层的授权原则、管理机制、事项范围、权限条件、调整方式等主要内容，激发经理层活力，充分发挥经营管理作用。中远海运强调要加强董事会的建设，应建尽建，实现授权与担责的统一。中远海运一方面进一步落实授权。另一方面在它的二级单位强化董事会制度的建设，使之规范运行。中国铁物明确把公司制企业董事会建设作为治理机制改革的重点，加强专兼职董事队伍建设，目标是"形神兼备"，既要应建尽建、配齐配强，推进外部董事占多数，也要认真研究如何把外部董事的独特作用发挥到位，如何把董事会职权落实到位。

各央企在机制创新方面积极提出各种市场化举措激发企业活力。在经理层成员任期制和契约化管理方面，如：中国一重全面推行经营层市场化选聘、契约化管理，落实职业经理人、职业技能人制度，三年任期结束全体重新竞聘上岗，营销系统率先实行末等调整。中国铁物牢牢抓住经理层成员任期制和契约化管理这个"牛鼻子"，加快出台有关制度和实施方案，2021 年实现了直管公司覆盖面超过 70%，2021 年底“真刀真枪”刚性考核兑现。中国铁物完善领导干部退出通道，建立考核末位淘汰制度，连续两年考核不合格予以解聘。中国铁塔搭建责权利对等机制，按市场规律对经理层成员进行契约化管理，实现有任命就明确任期、有职务就落实考核、有业绩就兑现奖励，推动管理人员能上能下。在市场化激励方面，如：中远海运将构建由工资效益联动、效率对标调节和工作水平调整共同组成的工资总额管理办法。非上市公司开展超额利润分享、项目跟投等激励方法，科技型企业实施岗位分红或项目收益分红激励。中国铁物实施更加系统、更加多元的正向激励，统筹运用物质激励和精神激励、短期激励和中长期激励措施，根据不同企业的发展阶段，实施更有针对性的股权、分红权等激励措施，鼓励基层创效单位按有关政策精神探索更加市场化的中长期激励机制。

2020 年 9 月，国务院国资委召开视频会议，对中央企业改革三年行动工作进行动员部署，强调要突出抓好中国特色现代企业制度建设；要突出抓好深化混合所有制改革；健全市场化经营机制；要突出抓好“双百行动”“区域性综改试验”“科改示范行动”、世界一流企业创建等专项工程；要突出抓好党的领导和党的建设等方面的工作。随后，国资委下发《关于加大工作力度努力完成 2020 年国企改革三年行动重点任务的通知》，压实职责，严格按照时间表路线图稳步推进三年行动。至 2020 年底，中央企业改革取得重要进展。中国特色现代企业制度加快完善。全面落实坚持党对国有企业的领导和建立现代企业制度“两个一以贯之”，推动党的领导融入公司治理制度化、规范化、程序化；市场化经营机制改革加快步伐。

2020—2022 年是国企改革关键阶段。从《三年行动方案》落实的第一年来看，中央企业职业经理人制度建设与队伍建设进一步提速，进入快速推进、实质进展的新阶段。毫无疑问，《三年行动方案》对此起到了积极的推动作用。

二、中共中央、国务院《关于新时代加快完善社会主义市场经济体制的意见》中的职业经理人相关政策

社会主义市场经济体制是中国特色社会主义的重大理论和实践创新，是社会主义基本经济制度的重要组成部分。2020 年 5 月印发的中共中央、国务院《关于新时代加快完善社会主义市场经济体制的意见》是一个纲领性文件，对当前和今后一个时期深化经济体制改革、加快完善社会主义市场经济体制进行顶层设计和系统擘画。该意见对新时代加快完善社会主义市场经济体制的目标、方向、任务和举措进行系统设计，在更高起点、更高层次、更高目标上推进经济体制改革及其他各方面体制改革，为构

建更加系统完备、更加成熟定型的高水平社会主义市场经济体制提供行动指南。

该意见围绕坚持公有制为主体多种所有制经济共同发展、构建更加完善的要素市场化配置体制机制、建设更高水平开放型经济新体制等关键领域提出改革举措。其中提出：积极稳妥推进国有企业混合所有制改革。在深入开展重点领域混合所有制改革试点基础上，按照完善治理、强化激励、突出主业、提高效率要求，推进混合所有制改革，规范有序发展混合所有制经济。深化国有企业改革，加快完善国有企业法人治理结构和市场化经营机制，健全经理层任期制和契约化管理，完善中国特色现代企业制度。

进入新时代，党的十八届三中全会把市场经济“基础性”地位改成“决定性”地位，党的十九届四中全会把社会主义市场经济体制上升为基本经济制度。我国市场体系尚不健全、市场发育还不充分，政府和市场的关系没有完全理顺，还存在市场激励不足、要素流动不畅、资源配置效率不高、微观经济活力不强等问题，推动高质量发展仍存在不少体制机制障碍，必须坚定不移深化市场化改革。而深化国有企业改革是市场化改革的重要组成，无论是深化改革还是高质量发展，都对国有企业在进一步完善国有企业法人治理结构与市场化经营机制，以及在更广范围大力推行经理层任期制和契约化管理，加快建立职业经理人制度等方面提出了迫切要求。

三、十三届全国人大三次会议《政府工作报告》中的职业经理人相关政策

2020 年 5 月 22 日，国务院总理李克强在十三届全国人大三次会议上作《政府工作报告》，报告立足于“依靠改革激发市场微观主体活力，增强发展新动能”的大背景，围绕国企改革明确了健全市场化经营机制，提高核心竞争力这一中心，呈现出实施三年行动，提升改革成效的主题。报告提出：提升国资国企改革成效。实施国企改革三年行动。完善国资监管体制，深化混合所有制改革。国企要聚焦主责主业，健全市场化经营机制，提高核心竞争力。从 2018 年《政府工作报告》提出的“推进国资国企改革”，到 2019 年“加快国资国企改革”，再到 2020 年“提升国资国企改革成效”，层层递进，反映出国资国企改革的紧迫性。

继“十项试点”“双百行动”“综改试验”“科改示范行动”以来，从中央企业到地方国企的数千家试点企业启动改革，在推进国企改革过程中探索实践积累了不少的经验和做法。报告提出实施国企改革三年行动，表明 2020 年国企改革进入推广经验典型的新阶段，总结推广改革过程中涌现出来的先进经验和先进典型。

报告提出国有企业依靠改革激发市场微观主体活力，这就需要破除体制机制障碍，

进一步深化市场化改革。因此，国有企业要在更广范围大力推行经理层成员任期制和契约化管理，加快建立职业经理人制度，积极探索建立与市场接轨的经理层成员激励制度、差异化薪酬体系，以及上市公司股权激励、科技型企业股权和分红激励等中长期激励机制。

四、国务院国资委《关于开展对标世界一流管理提升行动的通知》中的职业经理人相关政策

为进一步推动国有企业加强管理体系和管理能力建设，加快培育具有全球竞争力的世界一流企业，2020 年 6 月国务院国资委印发《关于开展对标世界一流管理提升行动的通知》（以下简称《通知》），决定在中央企业和地方国有重点企业（以下统称国有重点企业）开展对标世界一流管理提升行动（以下简称“对标提升行动”）。开展对标提升行动是增强企业核心竞争力、加快培育世界一流企业的重要支撑，是有效应对新形势新挑战、实现提质增效稳增长的重要抓手。

国有企业是中国特色社会主义的重要物质基础和政治基础，是我们党执政兴国的重要支柱和依靠力量。党的十九大报告提出：深化国有企业改革，发展混合所有制经济，培育具有全球竞争力的世界一流企业。党的十九届四中全会作出推进国家治理体系和治理能力现代化的重大战略部署，对国有企业提升管理能力和水平提出了更高要求。我国国有企业与世界一流企业相比，仍存在着管理制度不完备、体系不健全、机制不完善等问题，一定程度上影响了企业发展的质量和效益。国有企业必须通过立足自身、苦练内功，从先进的管理中要质量、要效益、要增长，才能在日益复杂激烈的竞争环境中立于不败之地，才能不断增强国有经济竞争力、创新力、控制力、影响力和抗风险能力。

《通知》要求以对标世界一流为出发点和切入点，以加强管理体系和管理能力建设为主线，对照世界一流企业、行业先进企业找差距。到 2022 年，国有重点企业管理理念、管理文化更加先进，管理制度、管理流程更加完善，管理方法、管理手段更加有效，管理基础不断夯实，创新成果不断涌现，基本形成系统完备、科学规范、运行高效的中国特色现代国有企业管理体系。

《通知》以问题为导向明确了八项重点任务。一是针对战略管理意识不强、投资决策不科学、主责主业不突出、国际化经营水平不高等问题，加强战略管理，提升战略引领能力；二是针对总部定位不清晰、机构设置不匹配、授权放权不充分、流程运转不顺畅、管理方式不合理等问题，加强组织管理，提升科学管控能力；三是针对精细化管理能力不强、成本和质量管控不到位、运营效率不高等问题，加强运营管理，提

升精益运营能力；四是针对集团财务管控薄弱、“两金”规模较大、资金使用效率不高、资本运营能力不足等问题，加强财务管理，提升价值创造能力；五是针对关键核心技术受制于人、创新效率不高、科技领军人才不足、创新体制机制有待完善等问题，加强科技管理，提升自主创新能力；六是针对风险防范意识不强、内控体系不完善、合规管理不到位、责任追究力度不够等突出问题，加强风险管理，提升合规经营能力；七是针对人力资源规划不清晰、三项制度改革落实不到位、人才队伍活力不足、高层次领军人才缺乏等突出问题，加强人力资源管理，提升科学选人用人能力；八是针对信息化管理缺乏统筹规划、信息化与业务“两张皮”、信息系统互联互通不够、存在安全隐患等问题，加强信息化管理，提升系统集成能力。其中，围绕加强人力资源管理，提升科学选人用人能力，提出进一步强化规划引领，坚持人力资源管理与企业战略、业务发展同步谋划，充分发挥市场作用，围绕人力资源的获取、配置、利用、保留和开发等核心环节持续探索创新，提高人力资源对企业战略目标的支撑作用；完善市场化选人用人机制，拓展人才引进渠道，着力推行经理层成员任期制和契约化管理，积极探索职业经理人制度，加快建立和实施以劳动合同管理为基础、以岗位管理为核心的市场化用工制度；健全薪酬分配激励机制，全面推行岗位绩效工资制度，统筹运用多种中长期激励方式，鼓励支持知识、技术、管理等生产要素有效参与分配，充分激发各类人才的活力动力；加强人才培养和梯队建设，以创新型、专业化、高层次人才为重点，把握不同类别人才特点因才施策，持续优化人才成长路径和队伍结构，全面提升人才队伍素质。

经理层成员、职业经理人是高级管理人员，属于高层次人才的范畴，是人才培养和梯队建设的重点人群，无论是经理层成员任期制和契约化管理，还是按照市场化选聘、契约化管理、差异化薪酬、市场化退出原则推行职业经理人制度，或是完善薪酬分配激励机制，统筹运用多种方式的中长期激励，都有助于进一步健全市场经营机制、推进市场化选人用人，进而激发企业经营管理者干事创业的积极性和创造性，促进提升企业活力与发展动力。

五、《中共中央关于制定国民经济和社会发展第十四个五年规划和二〇三五年远景目标的建议》中的职业经理人相关政策

2020 年 10 月，党的十九届五中全会通过的《中共中央关于制定国民经济和社会发展第十四个五年规划和二〇三五年远景目标的建议》（以下简称《建议》）提出，激发

各类市场主体活力。深化国资国企改革，做强做优做大国有资本和国有企业。加快国有经济布局优化和结构调整，发挥国有经济战略支撑作用。加快完善中国特色现代企业制度，深化国有企业混合所有制改革。健全管资本为主的国有资产监管体制，深化国有资本投资、运营公司改革。

建议将“市场主体更加充满活力”作为我国“十四五”时期经济社会发展的重要目标，将“激发各类市场主体活力”作为全面深化改革、构建高水平社会主义市场经济体制的重要任务。这是以习近平同志为核心的党中央立足坚持和完善社会主义基本经济制度，着眼全面建设社会主义现代化国家作出的重大战略部署。市场主体是社会主义市场经济的微观基础，是经济社会发展的力量载体。充分激发亿万市场主体活力，增强经济社会发展动能，对于“十四五”时期我国进入新发展阶段，积极应对国内外严峻复杂形势，推动形成以国内大循环为主体、国内国际双循环相互促进的新发展格局，具有重大而深远的意义。

国有企业是中国特色社会主义的重要物质基础和政治基础，是党执政兴国的重要支柱和依靠力量。党的十八大以来，国有企业改革发展取得重大进展，规模实力明显提升，发展活力持续增强，为推动经济社会发展、保障和改善民生、增强综合国力作出了重要贡献。建议提出，深化国资国企改革，做强做优做大国有资本和国有企业，发挥国有经济战略支撑作用。这为激发国有企业活力进一步指明了方向。

深化国有企业混合所有制改革是激发国有企业活力的重要途径。要坚持因地施策、因业施策、因企施策，宜独则独、宜控则控、宜参则参，不搞“拉郎配”，不搞全覆盖，不设时间表，分层分类深化混合所有制改革，把工作重点放在国有资本投资、运营公司出资企业和商业类子企业上，既支持民营企业等社会资本参与国有企业混合所有制改革，又鼓励国有资本投资入股民营企业。合理设计和调整优化混合所有制企业股权结构，拓宽社会资本参与渠道，进一步发挥各类基金的支持和促进作用，积极引入高匹配度、高认同感、高协同性的战略投资者参与公司治理，稳慎开展混合所有制企业骨干员工持股。推动混合所有制企业深度转换经营机制，在股东充分协商基础上依法制定章程，切实维护各方股东的合法权益，严格落实董事会各项法定权利，支持对公司治理健全的国有相对控股混合所有制企业依法实施更加市场化的差异化管控。

健全管资本为主的国有资产监管体制是激发国有企业活力的重要保障。推动国资监管机构职能转变，坚持授权与监管相结合、放活与管好相统一，优化监管方式手段，注重通过公司章程、法人治理结构履职尽责，对不同企业实行差异化分类考核、分类监管。加快完善中国特色现代企业制度是激发国有企业活力的重要基础。要全面落实“两个一以贯之”，把加强党的领导与完善公司治理统一起来，把企业党组织内嵌到公司治理结构之中，充分发挥党组织把方向、管大局、保落实的领导作用，支持董事会、经理层依法履职。健全市场化经营机制，围绕激发活力、提高效率，着力深化劳动、人事、分配三项制度改革，优先支持商业类子企业加快推行职业经理人制度，全面推进用工市场化，建立健全按业绩贡献决定薪酬的分配机制，灵活开展多种方式的中长期激励。市场化的用工、分配与激励机制是职业经理人制度的重要组成，进一步建立和完善这些机制，对于国有企业加快推进职业经理人制度具有重要意义。

六、《关于中央企业党的领导融入公司治理的若干意见（试行）》中的职业经理人相关政策

2020 年 12 月，中央全面深化改革委员会第十七次会议审议通过的《关于中央企业党的领导融入公司治理的若干意见（试行）》提出，中央企业党委（党组）是党的组织体系的重要组成部分，发挥把方向、管大局、促落实的领导作用。要完善体制机制，明确党委（党组）在决策、执行、监督各环节的权责和工作方式，正确处理党委（党组）和董事会、经理层等治理主体的关系，坚持权责法定、权责透明、协调运转、有效制衡的公司治理机制，推动制度优势更好转化为治理效能。其中，关于公司治理机制过去的提法是“各司其职、各负其责、协调运转、有效制衡”，现在用“权责法定、权责透明”代替“各司其职、各负其责”，是公司治理机制的创新和突破。特别是“权责法定”被列为第一位，确立并体现出制度建设在推进党的领导融入公司治理中具有基础性、先导性作用。

厘清各治理主体权责边界，把加强党的领导和完善公司治理相统一，是完善中国特色现代企业制度的基础，也是国有企业建立和推行职业经理人制度的基础条件。该意见出台后，各央企闻令而动，围绕党的领导融入公司治理提出了新的思考和举措。如：招商局全面落实要求，坚持权责法定、权责透明、协调运转、有效制衡的公司治理机制，加快完善治理制度体系。健全《集团公司分权手册》，严格落实重大问题决策党委前置程序，依法行权履职。国家电投进一步完善子公司治理，推动党的领导融入公司治理制度化、规范化、程序化，进一步明晰各治理主体的功能定位，完善以章程为核心的制度体系，各治理权责事项实现清单化管理。

七、《国有企业公司章程制定管理办法》中的职业经理人相关政策

为深入贯彻习近平总书记在全国国有企业党的建设工作会议上提出的“公司章程

是企业内部的根本法，要把党建工作要求写入公司章程”的重要指示精神，落实党的十九届四中、五中全会加快完善中国特色现代企业制度的重大决策部署，2020 年 12 月国资委与财政部联合印发《国有企业公司章程制定管理办法》（以下简称《办法》），《办法》按照中国特色现代企业制度建设要求，坚持党的全面领导、依法治企、权责对等原则，结合企业实际，围绕国有企业公司章程制定管理形成 40 条具体要求。主要提出了国有企业公司章程的基本框架，规定了公司党组织、董事会、经理层等重点章节必须载明的内容，如：第九条公司党组织条款提出，应当按照《中国共产党章程》《中国共产党国有企业基层组织工作条例（试行）》等有关规定，写明党委（党组）或党支部（党总支）的职责权限、机构设置、运行机制等重要事项。明确党组织研究讨论是董事会、经理层决策重大问题的前置程序。第十条董事会条款提出，应当明确董事会定战略、作决策、防风险的职责定位和董事会组织结构、议事规则。第十一条经理层条款提出，应当明确经理层谋经营、抓落实、强管理的职责定位；明确设置总经理、副总经理、财务负责人的有关要求，如设置董事会秘书、总法律顾问，应当明确为高级管理人员等。《办法》为国有企业进一步完善公司治理结构、提升公司治理能力，提供了制度保障。

《办法》的出台是中国特色现代企业制度建设新的里程碑。为国有企业把党建工作要求写入公司章程，为正确处理党组织和董事会、经理层的关系，提供了强有力的制度保障，有利于促进国有企业全面实现以章程治企、按章程办事，有利于完善国有企业公司治理，有利于推进国资国企治理体系和治理能力建设。促进国有企业逐步建立健全以公司章程为基础的企业内部制度体系，加快完善中国特色现代企业制度，持续推动制度优势转化为治理效能。

国有企业开展经理层成员任期制与契约化管理，以及推行职业经理人制度等重要改革工作，离不开党的坚强领导，需要更加完善的公司治理结构和更加健全的企业内部制度体系，所有这些都为国有企业平稳顺利推进职业经理人制度建设与队伍建设创建了必要的基础条件。

第二章　地方出台的职业经理人相关政策

一、上海市出台的职业经理人相关政策

上海是观察中国经济的窗口，而上海国资国企，又是上海经济社会发展的中流砥柱。2020 年，面对错综复杂的宏观形势和外部环境，面对疫情防控的严峻态势，面对深化国资国企改革创新发展的艰巨任务，上海国资国企始终以习近平新时代中国特色社会主义思想为指引，合力攻坚，积极应对，主动作为。坚持党对国有企业的领导，积极践行“牢记使命、深化改革、守正创新、服务发展”的上海国资国企核心价值理念，统筹推进疫情防控和经济社会发展，上海国企逆势而上，克服疫情影响，扎实做好“六稳”工作、全面落实“六保”任务，带动上下游各类企业共渡难关，全力打赢疫情防控阻击战和经济稳增长攻坚战两场硬仗。

上海持续推进国资人才计划，打响“国资骐骥”品牌，把跨领域、跨层级、跨区域培养选拔使用作为重要方式，促进各类人才在思想淬炼、政治历练、实践锻炼、专业训练中提高本领。在人才计划的总体框架下，进一步分层分类、细化各项举措，形成完整的、系统的人才工作体系。注重长期跟进、系统培养，发挥系统教育培训资源优势，着力打造一支结构合理、数量充足、能力高强的国资国企干部人才队伍，为国资国企长期发展、高质量发展夯基垒台。进一步完善市场化经营机制，健全与企业领导人员薪酬挂钩的考核评价体系，实现企业领导人员任期制契约化管理全覆盖，明确任期期限、任期目标和任期评价。85% 的市场竞争类上海国企已经形成长效激励整体推进方案。

（一）《上海市贯彻〈国企改革三年行动方案（2020—2022 年）〉的实施方案》中的职业经理人相关政策

1. 方案特色特点

该方案聚焦做强做优做大国有资本和国有企业，实现国有经济高质量发展。上海

推进实施国企改革三年行动总体思路突出“四个结合”，并将加强党对国有企业的全面领导与完善中国特色现代企业制度相结合列为首位。上海推进实施国企改革三年行动的主要举措是注重以完善治理为核心，建立健全中国特色现代企业制度，包括完善中国特色现代企业制度、切实加强董事会建设等。注重以提高效率为目标，不断推动企业深化改革、提质增效，包括深化混合所有制改革等。注重以强化激励为保障，加快形成高效灵敏的市场化经营机制，包括加快健全市场化经营机制、积极完善长效激励约束机制等。

2. 相关重点改革任务

（1）在加强党对国有企业全面领导的前提下，加强企业家队伍建设。坚持“对党忠诚、勇于创新、治企有方、兴企有为、清正廉洁”标准，健全选贤任能制度，完善有别于党政领导干部、符合市场经济规律和企业家成长规律的国有企业领导人员管理机制。对敢于负责、勇于担当、善于作为、实绩突出的企业领导人员，将给予更大力度的物质激励和精神激励。

（2）在建立健全中国特色现代企业制度方面，一是完善中国特色现代企业制度。把党的领导融入公司治理各环节，实现制度化、规范化、程序化，明确国有企业党组织在公司法人治理结构中的法定地位。全面落实市管国有企业党委研究讨论“前置程序”要求，推动国有企业集团和所属企业制订党组织前置研究讨论重大经营管理事项清单和工作流程，厘清各治理主体权责边界。二是切实加强董事会建设。推动各层级国有企业实现董事会应建尽建、配齐建强，企业集团层面原则上外部董事占多数。积极落实董事会职权，发挥专门委员会在董事会决策中的支持作用。制订董事会授权事项清单，全面建立董事会向经理层授权的管理制度，充分保障经理层依法行权履职，发挥经理层经营管理作用。

（3）在推动企业深化改革、提质增效方面，深化混合所有制改革。支持和引导国有股东持股比例较高的国有控股上市公司，引入战略投资者作为重要积极股东参与公司治理，实施“二次混改”。鼓励暂不符合上市条件的充分竞争领域企业，适时引入具有高匹配度、高认同感、高协同性的战略投资者，发展成为混合所有制企业。深化员工持股试点，支持整体上市或核心业务资产上市的企业集团经营管理团队和核心员工参与员工持股。

（4）在加快形成高效灵敏的市场化经营机制方面，一是加快健全市场化经营机制。切实维护国有企业法人财产权和经营自主权，完善企业领导人员管理体系和市场化选人用人机制，继续推行企业领导人员任期制契约化管理。在符合条件的市管国有企业，按照“市场化选聘、契约化管理、差异化薪酬、市场化退出”原则，进一步深化职业经理人制度改革。二是积极完善长效激励约束机制。优化企业领导人员考核评价与薪酬分配体系，综合运用多种激励工具有效激发员工内生动力，探索更符合实际的企业领导人员薪酬分配制度。建立岗位价值评估体系，严格业绩考核，实现能上能下，激励约束对等。上市公司加快实施限制性股票、股票期权等股权激励，科技型企业加大实施股权和分红激励力度，非上市公司积极探索岗位分红、超额利润分享和员工跟投、风险抵押金等模式，创投企业继续完善市场化运作机制。深化技术类无形资产非公开协议转让试点，完善知识产权归属和利益分享机制。三是用好各类高素质专业化人才。健全市场化招聘制度，实行有利于吸引和留住关键岗位核心骨干人才政策。加快培养引进“高精尖”稀缺人才，统筹推进引领性人才、支撑性人才、青年人才、产业工人人才队伍建设。有序推进管理人员竞争上岗、末等淘汰和不胜任退出等制度。

无论是加强董事会建设、健全市场化经营机制，还是完善长效激励约束机制，都是国有企业推行职业经理人制度与建立职业经理人队伍的重要因素。《三年行动方案》的落地实施，将对此起到积极的推动作用。

（二）上海市《关于鼓励本市国有企业进一步实施创新驱动发展战略的指导意见》中的职业经理人相关政策

为进一步增强国有经济创新力，推动上海国有企业更好适应经济发展和产业变革新趋势，率先落实创新驱动发展战略，实现更高质量可持续发展。2020 年 9 月上海出台《关于鼓励本市国有企业进一步实施创新驱动发展战略的指导意见》，提出进一步完善有利于国企创新的体制机制。探索本市国有企业创新综合改革试点，着力在深化职业经理人制度改革、考核评价机制、市场化激励、容错机制等方面探索突破，以体制机制改革为核心关键推动创新发展。进一步健全市场化、专业化、国际化的创新人才队伍建设。新增引进或培育具有国际一流水平的高层次创新领军人才 100 名以上，青年创新骨干人才 1000 名以上，“高精尖”稀缺人才基本满足需求，形成数量充足、素质优良、结构合理、富有活力的创新人才队伍。并配套若干主要措施，包括推进完善容错机制，即上海国有企业根据相关办法制定容错纠错实施细则，针对创新发展容错纠错事项，围绕企业承担的国家和本市重大创新任务，聚焦重点战略性领域和关键核心技术突破的创新项目，细化创新容错的情形和条件，经集团董事会批准同意后报市国资委备案，在报告范围内予以容错；优化创新为导向的考核评价机制，即探索建立本市国有企业法定代表人签署《创新使命责任书》制度，夯实企业主要领导的创新使命和责任，并建立层层传导的创新责任传递机制。一司一策确定不同的创新发展使命责任，并将完成情况纳入任期经营业绩考核评价体系中；坚持体现党对国有企业全面领导的公司治理结构，即把加强党的领导与公司治理有机结合起来，推动党的建设与企业生产经营、创新工作深度融合，以高质量党建引领高质量创新发展。

创新是企业生存与发展的永恒主题，创新离不开创新型人才。职业经理人是市场化、专业化、国际化的创新人才队伍中的一员，是企业高层次创新领军人才。深化职业经理人制度改革为建立职业经理人队伍提供了坚强的制度保障，进而为国有企业更好实施创新驱动战略提供有力的人才支撑。

二、山东省出台的职业经理人相关政策

2020 年以来，面对突如其来的新冠肺炎疫情对经济社会发展造成的巨大冲击，山东省国有企业科学统筹疫情防控和生产经营，主动担当、奋力拼搏，全年经济运行呈现“低位开局、快速修复、稳步回升”的态势。截至 12 月底，23 户省属企业资产总额 35949 亿元，同比增长 10. 6%；所有者权益总额 11275 亿元，同比增长 9%；归属于母公司所有者权益总额 5583 亿元，同比增长 9. 2%。资产负债率 68. 6%，环比下降 0. 12 个百分点，较年初下降 0. 82 个百分点。

山东稳妥推进混合所有制改革，进一步健全国企市场化经营机制，激发企业内生动力。“优中选优”引战投，坚持“三优三不”原则，鼓励国有企业拿出“优质企业、优质资产、优质资源”，对非公资本“不设准入门槛、不设比例限制、不设行业限制”，成功引入蚂蚁金服、德国安顾集团等一批优秀战略投资者。“分层分类”推上市，按照“做强做优一批、排队等待一批、储备上市一批、重点培育一批”原则，实施省属企业上市工作计划，2020 年新增 11 家，已达 43 家，资产证券化率达到 51%。

与此同时，山东持续优化企业法人治理结构，明确职能定位，厘清党委会、董事会、经理层权责边界，理顺企业内部各组织关系。优化配置领导班子，省属企业党委班子成员 70% 以上实现“双向进入、交叉任职”，党委书记与董事长全部“一肩挑”，省属企业董事会成员全部按非执行董事占多数原则配备。推进经理层管理方式改革，选取 604 户省属企业及权属企业推行经理层成员任期制和契约化管理、100 户权属企业推行职业经理人制度试点。并在全国率先出台省属企业中长期激励制度，允许符合条件的企业采取超额利润提成、项目跟投、虚拟股权等方式对核心技术人员和管理骨干进行激励，建立起员工和企业风险共担、收益共享的利益捆绑机制。在分配制度改革上，山东建立宽带薪酬体系，合理拉开工资差距，管理人员薪酬结构中绩效年薪占比超过 60%。

（一）《山东省国企改革三年行动实施方案（2020—2022年）》中的职业经理人相关政策

该方案围绕对接服务全省八大发展战略，结合落实省委、省政府重大决策部署，对一些重要改革事项和重点难点问题进一步明确了时间表、路线图和任务书，共有34条措施，着力推动省国企改革实现新突破。

（1）推动中国特色现代企业制度建设实现新突破。到2022年各级国有企业实现董事会应建尽建，集团公司和重要子企业董事会全部设立规范的董事会专门委员会，董事会中外部董事原则上占多数；全面建立董事会向经理层授权管理制度，落实总经理向董事会报告工作制度。

（2）推动混合所有制改革实现新突破。到2022年实现混改户数、资产双提升，资产证券化率达到70%。建立省属企业混改后评价机制，出台加强国有相对控股混合所有制企业管理指导意见，并选取部分企业开展差异化管控试点。

（3）推动健全市场化经营机制实现新突破。对国有企业经理层成员全面实行任期管理，2022年在各级国有企业控股子公司全面推行。在省属企业开展三项制度改革效能评估试点，全面建立管理、技术、技能等多序列并行岗位管理体系，并实行相匹配的宽带薪酬。出台完善省属企业控股上市公司股权激励的意见，实现应推尽推；出台规范非上市公司中长期激励制度，到2022年覆盖面不低于10%。

（4）推动完善国有资产监管体制实现新突破。全省各级国资监管机构全面制订监管权责清单，开展分类授权放权，动态调整授权放权清单。

（5）推动国有企业党的领导和党的建设实现新突破。修订省属企业党建工作责任制考核办法，把考核结果与领导班子建设、干部选拔任用、领导人员薪酬、评先树优挂钩。出台加强省属企业混合所有制企业党建工作指导意见。建设全省经营管理“雏鹰”人才库，定期选派“雏鹰”人才到全国行业领军企业和全省百强企业挂职实训。

上述应建尽建董事会，建立董事会向经理层授权管理制度，健全市场化经营机制，制订监管权责清单、开展分类授权放权，规范中长期激励制度以及建设经营管理“雏鹰”人才库等一系列举措，将为山东省国有企业提速职业经理人制度建设和队伍建设提供强大的推动力。

（二）山东《省属企业混合所有制改革后评价工作实施办法》中的职业经理人相关政策

2020年，山东省大力实施国企改革攻坚行动，将混合所有制改革作为国企“倒计时”改革的重要内容，通过资产证券化、引进战略投资者、入股非公企业、员工持股等方式，深入落实混改三年（2019—2021年）工作计划，稳妥推进省属一级企业混改，将省属一级企业混改作为重点工作，扎实推进条件成熟一级企业混改。列入2020年计划的混改企业通过增资扩股、股权转让、合资新设等方式全部完成混改。全年有248户企业完成混改或实施二次混改，吸引各类资本269.51亿元，混改户数占比达到68.9%。与此同时，健全完善以“混”促“改”的工作机制。结合混改工作实际，在推进资本“混”的同时，更加注重做好“改”的文章，在全国范围内率先出台《省属企业混合所有制改革后评价工作实施办法》，明确从2021年开始，对混改企业推进改革、转换机制、提高发展质量等情况进行综合评价，检验混改成效，找出问题和不足，提出改进措施，真正实现以“混”促“改”，发挥“国有体制、民营机制”的优势。

混改决不是一“混”了之，混改不仅涉及资本，还涉及公司治理结构、治理主体权责、体制机制等诸多方面，而健全市场化经营机制、推行职业经理人制度等是以“混”促“改”中的重要内容，伴随混改的深入推进，职业经理人制度与市场化经营机制的建立与完善，必将进一步提升混改成效。

（三）山东省《全面深化省属企业劳动人事分配三项制度改革专项行动方案》中的职业经理人相关政策

为更好促进省属企业健全市场化经营机制，激发活力、提升竞争力，推动企业高质量发展，加快推进《全面深化省属企业劳动人事分配三项制度改革专项行动方案》落地，2020年5月山东国资委出台《加快推进省属企业深化三项制度改革专项行动方案落实落地的意见》，明确2020年年底前，全面建立管理人员能上能下、员工能进能出、收入能增能减的常态化机制。一是打通管理人员能上能下通道，催生干事创业动力。构建精简高效的管控体系，减少企业管理层级，严控管理人员数量。建立管理人员能下机制，省属企业建立管理人员末位淘汰制度，对考核结果排名靠后的按2%~5%比例实施淘汰。积极推进市场化选人用人。2019年，鲁信集团、山东重工等3户省属企业集团试点职业经理人制度。2020年，又明确100户企业试点职业经理人制度。二是深化工资总额决定机制改革。省属企业普遍实行工资总额预算管理，实现工资总额增减与效益升降同向联动，能增能减，工资总额分配向经营业绩好、投入产出效率高的企业倾斜，向关键岗位、核心人才、高层次人才倾斜。将考核结果与收入能增能减紧密挂钩，省属企业各级领导班子成员目标绩效薪酬占比不低于70%，其他人员目标绩效薪酬占比不低于50%。三是推进中长期激励工作。23户省属企业推行了中长期激励试点，覆盖面从2019年的1.71%提高到8.13%。10户省属企业控股上市公司实施股权激励，占比28.6%，走在全国前列。

伴随三项制度改革的不断深化，山东省国有企业职业经理人制度试点工作得到持续推进，将在激发企业活力、提升企业竞争力方面发挥越来越重要的作用。

（四）山东《省属企业控股子公司推行经理层成员任期制和契约化管理基本规范（试行）》《省属企业控股子公司推行职业经理人制度基本规范（试行）》中的职业经理人相关政策

经理层成员任期制和契约化管理是基于中国特色现代企业制度下的新型经营责任制，是落实深化国资国企改革的必然要求，是巩固三项制度改革成果，激发企业内生活力动力的有力抓手。基于此，山东省国资委出台了《省属企业控股子公司推行经理层成员任期制和契约化管理基本规范（试行）》《省属企业控股子公司推行职业经理人制度基本规范（试行）》，要求在充分竞争领域省属二、三级企业，全面推开经理层成员任期制和契约化管理，加快建立职业经理人制度。2020年，确定604户重要权属企业对经理层成员实行任期制和契约化管理、100户重要权属企业开展职业经理人制度试点。通过契约化管理，使得从“上”的环节就打通“下”的通道，不断为企业发展注入新的生机活力。山东省在持续开展职业经理人制度试点工作基础上出台有关职业经理人制度的专项政策，将为进一步激发企业内生动力提供有力的政策支撑。

三、云南省出台的职业经理人相关政策

（一）《云南省国企改革三年行动实施方案（2020—2022年）》中的职业经理人相关政策

1. 方案特色特点

该方案立足云南实际，发掘云南优势，在顶层设计、配套政策上高位推动。围绕更好发挥国资国企在构建新发展格局中的重要作用，在努力建设我国民族团结进步示范区、生态文明建设排头兵、面向南亚东南亚辐射中心上的重要作用，在打造世界一流“三张牌”新优势、重塑云南支柱产业新优势、培育壮大新兴产业、加快数字化发展以及重大基础设施投入、服务保障民生中的重要作用，组织实施新一轮国企改革三年行动，做强做优做大云南国有资本和国有企业。

2. 相关重点改革任务

国企改革三年行动是未来三年落实云南国有企业改革“1+N”政策体系和顶层设

计的具体施工图，对做强做优做大云南国有经济，增强国有企业活力、提高企业效率，加快构建新发展格局意义重大，相关重点改革任务包括完善中国特色现代企业制度；积极稳妥深化国有企业混合所有制改革；健全市场化经营机制等。为云南省国有企业加快推进职业经理人制度奠定了良好的基础。

（二）云南省《关于进一步加强和改进国有资产监督管理的若干意见》中的职业经理人相关政策

为全面贯彻落实党的十九届四中全会关于形成以管资本为主的国有资产监管体制的决策部署，深入贯彻落实习近平总书记关于加快实现从管企业向管资本转变的重要指示精神，进一步加强和改进云南省国有资产监督管理，做强做优做大国有资本。2020 年 8 月中共云南省委办公厅、云南省人民政府办公厅印发《关于进一步加强和改进国有资产监督管理的若干意见》。一是围绕建立健全现代企业制度，提出按照完善治理、强化激励、突出主业、提高效率的要求分层分类积极稳妥推进混合所有制改革。在集团公司层面，对主业处于充分竞争行业和领域的商业一类国有企业，坚持宜参则参、宜控则控，全面推进混改；对主业处于重要行业和关键领域、承担重大专项任务的商业二类国有企业，在国有资本控股的基础上推进混改。同时提出加强董事会建设。进一步明确董事会功能定位，充分发挥董事会定战略、作决策、防风险作用。健全议事规则，规范决策程序，提高董事会运作的规范性和有效性，实现科学民主决策，提升公司治理水平。加强战略与投资、薪酬与考核、审计与风险、提名等专门委员会建设。薪酬与考核委员会和审计与风险委员会的主任由外部董事担任，并逐步实现委员全部由外部董事担任。加强和改进外部董事选聘和管理工作，建设高素质专业化外部董事队伍，提高外部董事在董事会中的比例，省属企业董事会中外部董事的比例逐步达到半数以上。二是围绕健全完善激励约束机制，提出强化激励机制。采取多种方式探索完善导向清晰、层次分明、重点突出的中长期激励机制，充分调动各类人员积极性和创造性。支持符合条件的混合所有制企业开展管理层和骨干员工持股工作。支持科技型企业实施股权和分红激励。允许科技型企业和“双百企业”实施更加灵活高效的工资总额管理方式，科技型企业工资总额可以实行单列管理，不列入集团公司工资总额预算基数，不与集团公司经济效益指标挂钩，“双百企业”依法依规自主决定内部薪酬分配。并要求发挥业绩考核引领作用。坚持行业对标，突出考核重点，将利润、税收、就业、净资产收益率、资产负债率、国有资本收益、科技创新、完成党委政府重大专项任务、党建及党风廉政建设等作为考核的重要内容。注重结果运用，依据年度和任期经营业绩考核结果，确定企业负责人的不同绩效薪酬标准，经营业绩考核结果作为对企业领导班子及成员开展综合考核的重要内容，将考核评价结果作为企业领导人员选拔任用、薪酬与激励、管理监督、培养锻炼和退出的重要依据。三是围绕坚持和加强党对国有企业的全面领导，提出全面加强党的领导。坚持两个“一以贯之”，把加强党的领导与完善公司治理相统一。国有企业党委发挥领导作用，把方向、管大局、保落实。明确国有企业党组织研究讨论是董事会、经理层决策重大问题的前置程序。在国有企业集团层面完成将党建工作要求写入公司章程的基础上，深入推进二、三级公司将党建工作要求写入公司章程，做到应进尽进。同时提出加强企业干部人才队伍建设。坚持党管干部原则，培养锻造对党忠诚、勇于创新、治企有方、兴企有为、清正廉洁的高素质国有企业领导人员队伍。优化年龄结构，改善专业结构，形成老中青合理梯次配备，全面增强企业领导班子整体功能。加强企业领导人员日常管理监督，严格执行《云南省省属企业领导人员交流工作规定（试行）》，纪委书记（纪检监察组组长）、财务总监一般应当交流任职，畅通省属企业领导人员与州（市）和省级党政机关等领导干部间交流通道。实施“人才强企”战略，加强经营管理人才、技能人才、科技人才队伍建设。加大市场化选人用人力度。这些举措将进一步加大云南省国有企业职业经理人队伍建设的力度，进一步加快推进职业经理人制度建设的步伐，助力提升国资国企实力。

截至2020年12月末，云南省国资委出资企业资产总额为2.93万亿元，同比增长17.59%；净资产为9275.62亿元，同比增长27.78%；平均资产负债率为65.46%，同比下降2.84个百分点。省国资委出资企业累计实现收入为9359.19亿元，同比增长12.43%；实现利润241.21亿元，同比增长13.11%；实现利税459.00亿元，同比增长6.68%；上缴税费总额为287.12亿元，同比下降2.71%。

四、浙江省出台的职业经理人相关政策

近年来，浙江省属企业党建持续增强，实力显著增长，改革不断推进，功能有效发挥，有力服务全省经济社会发展。2020年浙江省各级国资监管机构和国有企业深入学习贯彻习近平总书记考察浙江重要讲话精神，坚决贯彻落实中央和省委、省政府系列决策部署，统筹推进疫情防控和国资国企工作，在助力打好抗疫大战的同时，国企改革走深走实、发展动能稳步提升、布局结构不断优化、国资监管务实有效、党建引领持续加强，带动企业生产经营持续好转，国有经济主要指标再创新高，实现了“十三五”圆满收官。2020年省市两级国资监管企业合计实现营业收入1.7万亿元、利润总额757亿元，同比增长分别为17.9%、3.8%；省属企业实现营业收入1.14万亿元、

利润总额445亿元，同比增长分别为15.6%、10.6%。

（一）浙江省《2020年深化国有企业改革工作要点》中的职业经理人相关政策

2020年5月，浙江省深化国有企业改革工作联席会议办公室印发《2020年深化国有企业改革工作要点》，对全年国企改革工作进行总体布局。一是围绕实施国有企业改革转型攻坚，提出持续深化混合所有制改革。加快全面完成国家混改试点、员工持股试点、全省全民所有制企业公司制改制，及时总结提升改革经验，研究制订深化混改的制度措施。二是围绕实施公司治理完善攻坚，提出强化母子公司治理体系。缩短省属企业管理链条，提升集团管控能力和运营效率，省属企业管理层级全面压至3～4级，建立压减长效机制。进一步规范企业治理体系建设。深入推进企业董事会建设工作。全面开展省属企业董事会运行管理及评价工作，进一步提升董事会治理能力。全面推行外部董事制度，2020年实现省属国有独资公司外部董事全覆盖。其中，在“实施公司治理完善攻坚”主要任务中，提出探索开展经理层成员市场化选聘和契约化管理。结合省属企业实际，探索开展“双百行动”等企业职业经理人选聘和经理层契约化管理工作。把经理层成员市场化选聘和契约化管理，以及职业经理人选聘列为年度重点工作进行攻坚，将极大地促进浙江省国有企业职业经理人队伍建设的进程。

（二）《中共浙江省委关于建设高素质强大人才队伍打造高水平创新型省份的决定》中的职业经理人相关政策

为做好人才强省、创新强省工作，2020年6月18日中国共产党浙江省第十四届委员会第七次全体会议通过《中共浙江省委关于建设高素质强大人才队伍打造高水平创新型省份的决定》，提出建设高素质强大人才队伍、打造高水平创新型省份，大力引进国际高端创新人才、培育壮大优秀青年人才队伍。围绕加快创新型浙商队伍建设，大力实施“浙商青蓝接力工程”和新生代企业家“双传承”计划，全面拓展提升企业家和企业高层次管理人才全球视野、战略思维和创新能力，形成一支拥有百名领军人才、千名骨干人才、万名后备人才的创新型浙商队伍。围绕全方位激发人才创新活力，探索竞争性人才使用机制，建立完善以信任为前提、包容审慎的高层次人才管理机制，对人才引育投入绩效实行总体考核、中长期考核。加强和改善党对人才和创新工作的全面领导。坚持党管人才原则，统筹推进党政人才、人文社科人才、企业经营管理人才、专业技术人才、高技能人才、农村实用人才、社会工作人才队伍建设。大力培育尊重劳动、尊重知识、尊重人才、尊重创造的创新文化和浓厚氛围。建立健全创新尽职免责机制，探索通过负面清单等方式，制定勤勉尽责规范和细则，鼓励创新、宽容失败。进一步弘扬新时代浙商精神，发挥企业家引领创新的关键作用。

拥有全球视野、战略思维和创新能力是职业经理人重要的素质能力要素，职业经理人是企业高层次管理人才，职业经理人队伍是企业经营管理人才队伍的重要组成部分，建立完善的高层次人才管理机制将积极促进浙江省国有企业职业经理人队伍的建设。

（三）《浙江省深化国有资本投资、运营公司改革试点实施方案》中的职业经理人相关政策

为进一步深化国有资本投资、运营公司（以下简称两类公司）改革试点工作，2020 年 6 月印发《浙江省深化国有资本投资、运营公司改革试点实施方案》，一是围绕完善治理结构提出按照中国特色现代国有企业制度要求，两类公司设立党组织、董事会、经理层，建立健全权责对等、运转协调、制衡有效的决策执行监督机制。对于党组织提出，把加强党的领导和完善公司治理统一起来。坚持党管干部原则与董事会依法选择经营管理者、经营管理者依法行使用人权相结合，发挥党组织的领导把关作用。完善“双向进入、交叉任职”领导体制。对于重大经营管理事项，党组织研究讨论是董事会、经理层决策的前置程序。对于董事会提出，两类公司的董事会负责公司发展战略和对外投资，经理层选聘、业绩考核、薪酬管理，向所持股企业派出董事等事项。国有资产监管机构要建立外部董事评价机制，充分发挥外部董事作用。对于经理层提出，两类公司经理层根据董事会授权负责国有资本日常投资运营管理。公司领导班子及其成员管理按照干部管理权限确定，董事长、总经理分设。二是围绕改进运行模式提出完善内部组织架构。两类公司要按照市场化、规范化、专业化的管理导向，建立职责清晰、精简高效、运行专业的管控模式，分别结合职能定位具体负责战略规划、制度建设、资源配置、资本运营、财务监管、风险管控、绩效评价等事项。同时提出建立市场化选人用人机制。两类公司要建立派出董事、监事候选人员库，董事由董事会下设的提名委员会根据拟任职公司情况提出差额适任人选，报董事会审议、任命，并加强对派出董事、监事的业务培训、管理和考核评价。三是围绕健全监督约束机制提出完善监督体系，建立监督工作全覆盖网络架构。纪检监察机构加强对两类公司党组织、董事会、经理层的监督，重点强化对公司领导人员廉洁从业、行使权力等的监督。实施绩效评价，考核评价内容主要包括贯彻本地区发展战略、落实国有资本布局和结构优化目标、执行各项法律法规制度和公司章程，重大问题决策，国有资本运营效率、保值增值、整体财务效益等方面。四是国有资产监管机构根据企业实际和有关

规定，确定授予两类公司或其董事会包括决定市场化招聘、契约化管理的职业经理人的选聘、考核评价和薪酬分配等内容的全部或部分权限的授权事项。这些举措对于两类公司职业经理人制度建设与队伍建设将发挥积极的政策引导和支撑作用。

五、《安徽省国企改革三年行动实施方案（2020—2022年）》中的职业经理人相关政策

（一）方案特色特点

安徽在全面贯彻落实中央文件精神基础上，对国家提出的改革目标和要求进行细化实化，对一些重要改革事项和重点难点问题明确时间表、路线图和任务书；注重体现本省特色，围绕服务国家和全省发展战略，结合省委省政府重大决策部署，形成国企改革三年行动安徽版。该方案吸收借鉴了近年来国资国企改革领域好的经验做法，统筹运用到本省的政策措施中，切实提高改革综合成效。同时，对安徽国企改革“1+32”政策文件已明确但未完成的重点改革任务，特别是一些重点难点问题，进一步明确时间表、路线图。如大力推动国有企业改制上市。到2022年，推动5户企业改制上市，省属企业控股上市公司达到25户左右；健全市场化经营机制。在省属企业开展三项制度改革专项行动，力争通过三年努力，在打破“铁交椅”推动管理人员能上能下、打破“铁饭碗”推动员工能进能出、打破“大锅饭”推动收入能增能减方面取得突破性进展。支持鼓励科技创新。鼓励国有创投企业或基金建立符合规定的市场化运作机制，在完善跟投机制前提下，探索允许采用估值报告和事后备案制度，事前约定股权退出等。

该方案特色体现为着力推动健全完善中国特色现代企业制度和以管资本为主的国资监管体制，加快打造具有核心竞争力的市场主体；着力优化国有经济布局和结构，推动国有企业在创新引领方面发挥更大作用，提高国有资本配置和运营效率；着力完善市场化体制机制，提高国有企业活力和效率，推动国有企业和国有经济高质量发展。

（二）相关重点改革任务

（1）完善中国特色现代企业制度，坚持“两个一以贯之”，形成科学有效的公司治理机制。

（2）积极稳妥深化混合所有制改革，大力提升混合所有制企业运营治理水平，积极推动国有企业改制上市，突出抓好改革专项工程。

（3）健全市场化经营机制，激发国有企业的活力，强化国有企业市场主体地位，加大正向激励力度。

（4）加快形成以管资本为主的国有资产监管体制，不断优化管资本的方式手段，深化国有资本投资运营公司改革，进一步完善考核评价体系，着力构建协同高效的监督体系等。

安徽省对其三年行动实施方案中明确的2020年的国企改革任务，包括国企混改、中国特色现代企业制度建设、三项制度改革、“双百企业”改革等方面，提前进行谋划安排和推进落实，取得进展成效。一是持续推动省属企业与世界一流企业战略合作。全力推进江汽和大众合资合作，完成江汽集团引入大众汽车开展集团层面混改。二是深化混合所有制改革。全力推动企业改制上市，建立省属企业上市后备资源库（2020—2025年）。推动5户国有控股混合所有制企业员工持股改革试点，在此基础上指导符合条件的企业稳步推动骨干员工持股改革等。三是加快推进中国特色现代企业制度建设。全面完成省属企业公司制改革任务。全面建立省属企业党委前置研究讨论事项清单制度，规范和加强省属企业“三重一大”决策报告制度。完成向13户省属企业选聘外部董事，推动省属企业董事会建设全覆盖。有序实施5户省属企业对标世界一流企业管理提升行动等。四是积极推进省属企业三项制度改革。印发《省属企业三项制度改革专项行动方案》，不断深化劳动、人事、分配制度改革。印发《关于进一步做好省属企业控股上市公司股权激励工作有关事项的通知》，推进健全企业中长期激励机制等。五是扎实抓好国企改革专项工程。稳步推进“双百企业”改革，按序时进度完成45项改革任务，完成率约为74%。扎实抓好“科改示范行动”等。六是完善以管资本为主的国有资产监管体制。印发实施《改革省级国有资本授权经营体制重点工作举措》。发挥公司章程在企业治理中的基础作用，按照规范治理主体权责的要求，完成28户省属企业集团公司章程修订等。

国有企业建立职业经理人制度，与公司治理机制、企业董事会建设和市场化经营机制等方面密不可分，这些在安徽省的三年行动实施方案中均有所涉及，随着三年行动实践，安徽省国有企业在推进职业经理人制度方面将取得丰硕成果。

六、《江西省国资国企改革创新三年行动实施方案（2020—2022年）》中的职业经理人相关政策

（一）方案特色特点

与国家层面国有企业改革三年行动方案相比，该方案名称多了“创新”二字，为

《江西省国资国企改革创新三年行动实施方案（2020—2022 年）》，具有鲜明的特色。该方案是在全面总结党的十八大以来省国资国企改革创新主要成效和经验基础上，面向新发展阶段指导全省国资国企改革创新的行动指南，具有以下特点：一是在改革目标上注重体现要活力、要质量、要效益。明确了三年改革目标是全省国资国企实现“一个优化、四个提升”，即全省国有资本布局更加优化，国有企业的活力、创新力、竞争力和贡献力显著提升。二是在改革措施上注重体现抓关键、补短板、强弱项。针对江西省国有经济规模总量偏小、布局结构不优、创新能力不足、引领带动作用不强等问题，强化了关键领域改革举措，包括加大市场化战略重组和并购力度，加强国有资产资源盘活和提高集中度，大力推进子企业混合所有制改革，加快推动企业改制上市步伐，积极运用市场化差异化薪酬和激励手段鼓励企业创新创业等。

（二）相关重点改革任务

（1）着力发展混合所有制经济，包括积极推进混合所有制改革、深入推进骨干员工持股、加快推动国有资本证券化、有力促进改革专项行动落地等实施路径。

（2）着力健全完善现代企业制度，包括把党的领导融入公司治理各环节、加强公司董事会建设、加强公司监事会建设、保障经理层依法行权履职等实施路径。

（3）着力建立充满活力的市场化经营机制，包括全面推行经理层成员任期制契约化管理和扩大职业经理人制度试点、深化市场化用工机制改革、健全完善薪酬分配机制等实施路径。

（4）着力完善以管资本为主的国资监管体制，包括深化国有资本投资运营公司改革、建立健全重大风险防控机制、强化监督与违规责任追究等实施路径。

（5）着力加强国有企业党的领导和党的建设，包括加强国有企业领导班子建设、鼓励企业领导人员担当作为等实施路径。

江西坚持市场化改革方向，突出问题导向、目标导向和效果导向，全面聚焦重点任务。把混合所有制改革作为推进国企改革的重要突破口，在发展混合所有制经济上，更加突出以“混”促“改”，转机制、增活力。一是推动混改由集团向子企业、由省属向市（县）属企业纵深推进。至 2020 年年底，省属竞争类国企集团层面先后有 6 户完成混改，4 户实现整体或核心资产上市；子企业层面 425 户法人，328 户实现混合所有制，混改率由 2013 年的 50.2% 进一步提高到 2020 年年底的 79.2%。二是推动混改由试点向大范围推广、由单项改革向综合改革扩大推进。在前期五大单项改革试点基础上，启动实施以 7 户“双百企业”综合改革为引领、全省上下联动的“百户国企混改攻坚行动”。至 2020 年年底，7 户“双百企业”综合改革任务全面完成；104 户混改攻坚企业，完成混改及股权多元化企业63户，提前完成2020年60户的目标任务，完成率达到60.6%。三是推动混合所有制企业由股权多元化向公众型、上市公司转型推进。按照“培育一批、辅导一批、申报一批、上市一批”的梯次推动模式，全力推进企业改制上市。

江西省在既往经理层成员任期制和契约化管理，以及职业经理人制度试点基础上，抓住三年行动的契机，着重在混合所有制改革、董（监）事会建设、经理层行权履职、市场化用工机制和薪酬分配机制等方面发力，为全面推行经理层成员任期制契约化管理和扩大职业经理人制度试点营造了更加适宜的环境和条件，也将取得更为瞩目的成效。

七、《北京市国企改革三年行动实施方案（2020—2022年）》中的职业经理人相关政策

（一）方案特色特点

考虑到首都国企特殊的功能定位，该方案提出推进混改要稳妥审慎。要积极引入高匹配度、高认同感、高协同性的战略投资者，提高战略投资者的数量和质量。同时，支持混改企业全面建立灵活高效的市场化经营机制，在劳动、人事、分配三项制度改革上率先取得突破。围绕形成更加健全完善的市场化经营机制这一战略目标，从混合所有制改革、市场化选人用人、中长期激励三个方面发力市场化改革。一系列市场化改革导向的新机制、新举措，成为北京市三年行动实施方案的亮点和特色。

（二）相关重点改革任务

（1）通过混改深度转换企业经营机制，分层分类开展混改，把上市作为主要形式。到2022年力争每家竞争类企业至少控股1家上市公司，竞争类企业资本证券化率提升到60%以上。支持和引导国有股东持股比例高于50%的国有控股上市公司，引入持股5%及以上的战略投资者作为积极股东参与公司治理。

（2）加快推行职业经理人制度，让职业经理人管理的经理层成员达到一定数量。企业管理人员将大力推行竞争上岗、末等调整和不胜任退出机制，以激发人才活力。

（3）灵活开展多种方式的中长期激励，用足用好股权和分红激励、股票期权、超额利润分享等。同时，积极探索企业员工以科技成果出资入股，鼓励从事新产业、新业态、新商业模式的国企，按照“风险共担利益共享”原则，实施跟投。

职业经理人是市场化产物，其形成与发展必然要遵循市场规律。市场化选人用人和中长期激励是国有企业建立和推行职业经理人制度所不可或缺的，也是职业经理人这一群体自身特点的需求。国有企业开展市场化选人用人和实施中长期激励，为更好地选、用、留职业经理人创造了必要条件，也为推行职业经理人制度建设奠定了良好基础。

八、《广西国企改革三年行动实施方案（2020—2022年）》中的职业经理人相关政策

（一）方案特色特点

该方案由主文件和附表组成。主文件共三个部分，第一部分为总体要求和目标任务，提出了包括形成更加成熟更加定型的中国特色现代企业制度等“三个明显成效”的改革目标；第二部分针对国企改革提出了完善中国特色现代企业制度、积极稳妥深化混合所有制改革、健全市场化经营机制等具体改革措施；第三部分为组织实施和政策保障。附表为《2020—2022年国企改革分年度实施任务清单表》，将主文件中提出的各项改革举措分解落实到每个年度的工作中，明确各职能部门任务分工和完成时间要求，提出2020年64项工作目标和64项具体措施、2021年65项工作目标和65项具体措施、2022年62项工作目标和62项具体措施。每项分项任务和措施都明确了相关牵头单位和配合单位，做到主体明确，责任到位，主次分明。针对重要任务、改革试点和专项工程，在具体措施中有针对性点出企业具体名单，便于检查督促和考核。

该方案在推进混合所有制改革、加强国资国企监管、完善激励机制等重点领域和关键环节，提出了明确的任务举措，制订了可量化、可考核的具体指标，体现了“五个结合”的特点，其中在坚持落实中央文件精神与破解广西国有企业改革发展现实问题相结合方面，提出在区直企业选择50户商业一类二级子企业参照“双百企业”实施综合性改革，结合实际探索推进广西国资国企综合改革试验，推进企业科研院所改革等。在坚持问题导向与目标导向相结合方面，把切实解决现实问题作为改革目标，奔着问题去，扭住问题改，切实解决广西国有企业现代企业制度和法人治理结构不够健全、国有经济布局不尽合理、混合所有制改革推进相对缓慢、市场化经营机制不够灵活、企业改革创新动力和活力不足等突出问题。

（二）相关重点改革任务

为扎实推进国有企业改革在重要领域和关键环节取得决定性成果，切实增强广西

国有企业竞争力、创新力、控制力、影响力、抗风险能力，该方案围绕国企改革提出改革措施，包括完善中国特色现代企业制度、积极稳妥深化国有企业混合所有制改革、健全市场化经营机制、形成管资本为主的国有资产监管体制、抓好国企改革专项工程、加强国有企业党的领导和党的建设等。

建立职业经理人制度是完善国有企业现代企业制度的必然要求，但国有企业在法人治理结构、市场化经营机制等方面存在的问题对推行职业经理人制度形成了一定的障碍，需要引起足够的重视和予以切实解决，否则，就会严重影响国有企业职业经理人制度建设工作，甚至成为空谈。

此外，2020 年青海省出台了职业经理人专项政策。青海省委组织部、青海省国资委于 5 月制定印发《青海省省属出资企业推行职业经理人制度指导意见》，强调青海省要建立健全现代企业制度、发挥企业家作用、完善公司法人治理结构，进一步落实董事会选人用人自主权，提高国有企业市场活力和竞争力，实现国有企业高质量发展。该意见提出，青海省将采取一系列措施在省属企业造就一批德才兼备、善于经营、充满活力的优秀企业家；培育一批具备创新能力、竞争力的骨干国有企业，进一步提高青海省国有企业经济活力、控制力、影响力和抗风险能力。同时，还明确了推行职业经理人制度一般应遵循的工作流程，提出上级党组织和企业党组织在制订方案、确定标准、规范程序、组织考察、推荐人选环节发挥把关作用，企业董事会依法选聘和管理职业经理人。职业经理人专项政策的出台将加快推进青海省国有企业职业经理人制度建设的步伐，助力青海省国企深化改革取得新成效。

实践篇

本篇主要研究分析部分中央企业和地方国有企业及地方国有企业监管部门在经理层成员任期制、契约化管理、职业经理人制度建设等方面的有关实践，希望能为经理层成员任期制、契约化管理、职业经理人制度建设等有关问题的研究与实践提供有益的借鉴。

第三章　经理层成员任期制和契约化管理有关实践

推行经理层成员任期制和契约化管理，既是国企改革三年行动方案的明确要求，又是完善中国特色现代企业制度的必然要求，同时也是激发企业内生活力的关键举措和实现企业高质量发展的重要支撑。此项工作主要针对一些国有企业对经理层成员无任期、无契约、有契约但不具体、契约执行不严格等一系列突出问题，提出了更加符合市场化改革方向的规范性要求。国有企业通过明确任职期限、到期重聘、签订并严格履行聘任协议和业绩合同等契约、刚性考核和兑现要求，进一步强化国有企业经理层成员的责任、权利和义务的协调、平衡与对等，特别是突出强调考核结果不仅影响收入的“增减”，更影响职务（岗位）的“上下”，确保发挥契约化管理的重要作用。从中央到地方各级政府和国有企业非常重视推行经理层成员任期制和契约化管理工作，部分重点企业相继开展了相关试点改革工作，本章将围绕中央企业和地方企业的经理层成员任期制和契约化管理实践进行研究探讨。

一、中央企业经理层成员任期制和契约化管理有关实践

（一）中国石化催化剂有限公司经理层成员任期制和契约化管理实践

中国石化催化剂有限公司（以下简称：催化剂公司）是中国石油化工集团有限公司（以下简称：中国石化集团）下属子公司——中国石油化工股份有限公司的全资子公司，是全球知名的炼油化工催化剂生产商、供应商、服务商；产品主要包括炼油、聚烯烃、基本有机原料、煤化工、环保催化剂和吸附剂及助剂等6大类300个品种；在满足国内市场需求的同时，产品还远销欧洲、美洲、亚洲、非洲等国际市场。

2020年4月，催化剂公司入选国企改革“科改示范行动”企业名单。“科改示范行动”是继国企改革“双百行动”、国资国企“综改试验”后又一国企改革专项工程。

按照国企改革三年行动方案的要求，2020 年国企改革专项工程中的双百企业和科改示范企业等应率先开展经理层成员任期制和契约化管理工作。

作为中国石化集团首批直属单位试点企业之一，推行经理层成员任期制和契约化管理既是催化剂公司“科改示范行动”必选动作，也是催化剂公司深入贯彻党中央、国务院关于深化国有企业改革精神，完善国有企业领导人员分类分层管理制度，落实中国石化集团深化改革三年行动方案重要决策部署的具体实践，同时也是健全催化剂公司市场化经营机制的关键举措之一。催化剂公司高度重视，认真研究部署推进经理层成员任期制和契约化管理工作。

在推进经理层成员任期制和契约化管理过程中，催化剂公司首先确定经理层成员职数，明确细化岗位职责及分工，并按照“一岗一责”原则建立岗位说明书。在岗位说明书中，催化剂公司对岗位信息、岗位目标、岗位职责、工作关系、工作条件、任职资格等内容进行了清晰界定。

催化剂公司按照有关规定要求，制定了总经理工作规则、经理层成员任期制和契约化管理工作方案及实施细则等制度性文件，明确了董事会与经理层、总经理与其他经理层成员权责清单，并以固定任期和契约关系为基础，对经理层成员任期、职责范围、年度及任期绩效责任指标、考核内容与方式、薪酬兑现、退出机制等进行了契约化的约定。

在经理层成员的薪酬方面，催化剂公司结合企业经营业绩情况、市场水平及内部分配政策等因素，坚持业绩导向，按照增量业绩贡献决定薪酬分配原则，逐步实现市场化薪酬水平，进一步强化业绩升、薪酬升，业绩降、薪酬降。

在经理层成员的考核内容方面，催化剂公司根据岗位职责及工作分工，按照定量和定性相结合、以定量为主的导向，实行“一人一岗、一岗一表”的个性化考核，建立考核与薪酬兑现以及退出等机制和措施。除了经营业绩考核以外，还增加了综合考核评价，如对经理层成员的政治素质、职业素养、业务能力、廉洁从业等方面的评价。对于兼任董事会、党组织职务的经理层成员，还基于岗位职责，开展董事履职、党建工作的相关考核。

2020 年 12 月 18 日，催化剂公司举行了经理层成员任期制和契约化管理签约仪式，分别与新聘总经理、副总经理、总工程师、总会计师等经理层成员签署了岗位聘任协议及年度和任期经营业绩责任书。

催化剂公司经理层成员任期制和契约化管理涵盖了催化剂公司经理层所有岗位。在契约中，催化剂公司强化刚性考核，要求根据考核结果兑现薪酬和实施续聘或解聘，通过契约管理实现经理层成员“能上能下”“能进能出”和经营业绩目标的“能增能减”，切实在催化剂公司经理层实现“三能”机制的落实落地。

为更好地推进经理层成员任期制和契约化管理工作，催化剂公司还进一步完善内部治理结构。具体的做法是董事会设立四个专门委员会：战略委员会、提名委员会、薪酬与考核委员会、审计与风险委员会。同时，催化剂公司还制定完善了《董事会议事规则》《董事会专门委员会工作规则》《董事会秘书工作规则》和《“三重一大”决策制度实施细则》等制度文件。这些工作的开展一方面促使催化剂公司内部治理结构进入一个新阶段；另一方面，对推进经理层成员任期制和契约化管理工作以及促进催化剂公司规范运作、依法经营、提升管理都具有重要的作用和意义。

催化剂公司经理层成员任期制和契约化管理工作的实施，标志着催化剂公司在健全市场化经营机制上迈出了关键步伐，干部人事制度改革工作开启了全新局面，更加有利于激发企业活力，有利于完善国有企业领导人员分类分层管理制度，有利于激发出企业微观主体的活力，更好地解决三项制度改革中的突出矛盾和问题，形成带动示范效应。催化剂公司还将加快推进机关各部门、各分子公司以及基层一线的任期制和契约化管理工作，实现干部队伍的“全覆盖”，全面实行契约化管理。此外，催化剂公司将加快探索实施职业经理人制度，建立与业绩紧密关联的激励约束机制，实现选聘市场化、管理契约化、薪酬差异化、退出制度化，进一步建立健全市场化经营机制，更好地激发企业活力。

催化剂公司以“科改示范行动”为契机，以推行经理层成员任期制和契约化管理为支点，紧紧抓住激发活力、提高效率的市场化改革主线，坚持科技创新与体制机制创新“双轮驱动”，在体制改革、机制创新、转型升级上实现了更大突破，为中国石化集团在全面推行经理层成员任期制和契约化管理工作方面积累了宝贵的实践经验。

（二）国家电力投资集团在子企业推行经理层成员任期制和契约化管理实践

国家电力投资集团有限公司（以下简称“国家电投”）成立于2015年，由原中国电力投资集团公司与国家核电技术有限公司重组组建，是中央直接管理的特大型国有重要骨干企业，肩负着保障国家能源安全的重大责任，业务涉及电力、热力、煤炭、铝业、物流、金融、环保、光伏、电站服务等领域，拥有核电、火电、水电、风电、光伏发电等全部发电类型，是世界500强企业和全球最大的光伏发电企业，被国务院国资委确定为国有资本投资公司试点企业。

为深入践行新发展理念，适应高质量发展的要求，加快引进高层次管理人才，打造高水平、专业化的管理团队，建设具有全球竞争力的世界一流清洁能源企业，国家电投积极深化企业经营机制改革，紧紧抓住企业最关键的生产要素——人，不断完善市场化选人用人机制和激励机制，在市场化程度高、竞争激烈的子企业，积极推行经理层成员任期制和契约化管理及职业经理人制度，进一步调动企业人员的积极性，有效解决人的“动力”问题。

2020 年 2 月，国家电投公开选聘 3 名子企业经理层成员：国家电投集团科学技术研究院有限公司总经理、中国电力国际有限公司总会计师、国家电投集团基金管理有限公司副总经理。按照简历筛选、能力测试、体检及背景调查等程序择优选拔，确定录用人选。

在选聘条件上，国家电投规定了高级管理人员基本条件要求，其中包括：坚决执行党和国家的方针政策，严格遵守党的政治纪律和政治规矩；具有良好的职业道德，有强烈的使命感和责任感，遵纪守法，诚实守信；具有较强的创新意识和市场竞争意识，具有丰富的管理知识和实践经验，懂经营、会管理、善决策，具有较强的领导能力，注重团结协作，善于组织协调，能够调动各方面积极性；具有正确的业绩观，坚持开拓创新、勇于变革，敢于担当、善于作为；认同国家电投企业文化和价值观等。

国家电投对公开选聘岗位作了不同的任职资格要求。例如：国家电投集团科学技术研究院有限公司总经理应具备相当于中管企业中层正职级或具有相当于中管企业中层副职级岗位 2 年以上工作经历；在中层副职级岗位工作未满 2 年的，一般应当在中层副职级岗位和正处级岗位工作累计满 5 年，且在中层副职级岗位工作满 1 年；熟悉科研企业管理、技术研发等工作；具有行业前瞻视野，了解能源行业产业趋势，企业管理经验丰富等。中国电力国际有限公司总会计师应具备相当于中管企业中层副职级或具有相当于正处级岗位 3 年以上工作经历；在正处级岗位工作未满 3 年的，一般应当在正处级岗位和副处级岗位工作累计满 5 年，且在正处级岗位工作满 1 年；具有中国注册会计师资格或者高级会计师、高级审计师职称；熟悉电力、能源国际市场及国际化业务，具有较好的外语能力；等等。国家电投集团基金管理有限公司副总经理应具备相当于中管企业中层副职级或具有相当于正处级岗位 3 年以上工作经历；在正处级岗位工作未满 3 年的，一般应当在正处级岗位和副处级岗位工作累计满 5 年，且在正处级岗位工作满 1 年；具有 10 年以上金融及相关行业工作经验，5 年以上基金从业经验；具有基金从业资格的优先；等等。

国家电投还规定了应聘人员的禁入条件：①严重违纪违法给予处分未过影响期或正接受调查处理的，或受到诫勉、组织处理或者党纪政务处分等影响使用的；②品行不端、弄虚作假、道德败坏，纳入失信被执行人名单的；③未履行或未正确履行职责造成重大国有资产损失，受到禁入限制方式责任追究处理的；④本人及其直系亲属、主要社会关系2年内曾与企业有直接商业交往，或持有商业往来密切、有竞争关系企业股权的；⑤《公司法》第146条所列情形及其他法律法规规定的禁入情形等。

与此同时，为更好地推进子企业经理层成员任期制和契约化管理工作，国家电投进一步完善了市场化选人用人和市场化退出机制，加强了合同制管理，并在集团公司层面建立了内部人才市场，开发建设信息发布平台，促进内部人才跨单位、跨区域合理有序流动。国家电投还建立起一整套激励机制，推行“专项奖励、即时激励”两个较有针对性的激励办法。积极探索中长期激励，制定《中长期激励管理办法》，灵活开展多种形式的中长期激励。通过相关配套制度的建立，国家电投充分调动起员工的积极性和创造性，提高了激励的针对性、及时性和有效性，有力地推动了国家电投的经理层成员任期制和契约化管理工作的落实落地。

国家电投还将在二级企业和具备条件的三级企业进一步扩大推行经理层成员任期制与契约化管理工作，立足于做实做细，把配套的制度、流程建立好，防止出现任期虚化、责任不明确、契约不严肃、考核刚性不强等问题，确保经理层成员任期制与契约化管理工作能在更大范围有效实行。

（三）中国南方电网公司在分子公司推进经理层成员任期制和契约化管理实践

中国南方电网有限责任公司（以下简称：南方电网）是中央管理的国有重要骨干企业，负责投资、建设和经营管理南方区域电网，参与投资、建设和经营相关的跨区域输变电和联网工程，为广东、广西、云南、贵州、海南五省区和港澳地区提供电力供应服务保障；从事电力购销业务，负责电力交易与调度；从事国内外投融资业务；自主开展外贸流通经营、国际合作、对外工程承包和对外劳务合作等业务。

为进一步推进所属企业经理层成员管理机制改革，持续提升企业活力、动力与市场竞争力，南方电网依据国务院国资委“双百企业”两个操作指引有关要求，结合南方电网实际，明确将经理层成员任期制和契约化管理实施范围扩大至各级分子公司，制定了《分子公司经理层成员任期制和契约化管理办法（试行）》。办法明确了经理层成员的责任、义务，规范聘任管理、退出机制、业绩考核、薪酬兑现等内容，形成了规范的制度体系，并同步推动南方电网所属“双百企业”和“科改示范企业”全面实行。

在开展分子公司经理层成员任期制和契约化管理工作中，南方电网建立了以契约为核心的权责体系，明确抓住岗位关键职责，按一人一岗签订差异化的岗位聘任协议，确定并细化经理层成员岗位职责和分工，约定任期期限、权利义务、奖惩、续聘（解聘）条件等关键内容，签订差异化的岗位聘任协议。同时，加快建立分子公司董事会向经理层授权管理制度，保障经理层依法行使职权，有效发挥经理层谋经营、抓落实、强管理的作用。

此外，南方电网还建立了目标考核机制，要求考核指标的目标值应科学合理、具有一定挑战性，同时强调考核内容及指标必须有区分度，体现岗位贡献，实施“一人一表”的差异化考核，合理拉开差距，结合企业实际确定差异化的考核内容和指标。经理层成员的考核目标突出科学性、挑战性，按照“跳一跳、摸得着”的原则，结合本企业发展战略、近年业绩、行业对标等情况，科学合理确定具有挑战性的考核目标。经理层成员的考核指标和内容坚持定量与定性相结合、定量为主的原则，尽可能具体、量化、可考核，其中量化指标不低于60%。通过科学合理设置具有挑战性的业绩指标，切实促进经理层成员挑战更高的业绩水平，从而推动企业高质量发展。

南方电网按市场规律对经理层成员进行管理，推动实现经理层成员收入“能增能减”、职务（岗位）“能上能下”，充分激发经理层活力和创造力。先后通过修订干部能上能下、领导人员综合考核评价、出资企业负责人薪酬管理等制度，明确了干部“下”的通道；调整了经理层成员的考核指标和方式，考核内容与经理层成员任期制和契约化管理进行有效衔接；完善薪酬管理要求，建立“基薪＋绩效薪金＋超额贡献奖励＋任期激励收入”的薪酬结构，加大绩效薪金与业绩考核结果挂钩力度，初步建立了“考核层层落实、责任层层传递、激励层层衔接”的管理机制。

下面以南方电网二级子公司鼎和财产保险股份有限公司（以下简称：鼎和保险公司）经理层职业经理人改革试点工作为例，分析和研究南方电网在分子公司推进经理层成员任期制和契约化管理工作的一些具体做法和情况。

为推进中国特色现代企业制度建设，进一步完善鼎和保险公司法人治理结构，增强企业市场竞争力，提升高质量发展能力，作为南方电网系统内率先开展经理层职业经理人改革的试点单位，鼎和保险公司紧紧聚焦“南方电网竞争性业务全面市场化改革和全方位参与市场竞争的先行者”的战略定位，勇于先行先试，敢于啃硬骨头，主动与市场接轨，深入推进人力资源市场化改革，不断健全市场化人才机制。

2020年，鼎和保险公司根据经营改革发展需要，面向市场公开选聘公司经理层成员，其中选聘岗位有：鼎和保险公司总经理1名，全面负责鼎和保险公司日常经营管理工作；鼎和保险公司副总经理3名（其中1名副总经理兼任总会计师），分别负责销售管理、两核（核保核赔）管理、内部管理兼财务管理工作。

选聘过程中，鼎和保险公司坚持公开、平等、竞争、择优原则，按照发布公告、报名、资格审查、履历分析、考试测评、组织考察、决定聘用等程序组织开展选聘工作。选聘吸引了来自公司系统内外共100人报名参加，在行业内产生较大反响。经过资格审查和履历分析甄选，有26名应聘人员参加了经理层岗位职业经理人选聘的专业能力测试，以及领导力和性格素质测评。其中8名应聘人员参加了总经理岗位的面试，由南方电网和鼎和保险公司组成的7名面试考官对这些应聘人员进行了面试。面试采用半结构化方式，紧紧围绕岗位需求展开。

在选聘条件上，鼎和保险公司除规定了经理层岗位职业经理人的基本条件，如具有良好的政治素质、职业道德、过硬的专业素质、突出的治企能力和良好的心理素质及身体健康等外，还对经理层岗位职业经理人提出了不同的任职资格要求，例如：鼎和保险公司总经理岗位任职资格要求是应当具有大学本科以上学历或者学士以上学位，中级以上相关专业技术资格；应当从事金融工作8年以上或者经济工作10年以上，工作业绩突出；应通过保险监管机构的任职考试，取得保险监管机构的高级管理人员任职资格核准；并应当具备下列任职经历之一：①担任财产保险公司副总经理以上职务高级管理人员2年以上；②担任财产保险公司（上年度保费规模行业排名前10名）分公司总经理以上职务高级管理人员5年以上；③担任财产保险公司（上年度保费规模行业排名前10名）部门总经理5年以上；④担任金融监管机构相当管理职务5年以上；⑤其他足以证明具有拟任职务所需知识、能力、经验的职业资历。鼎和保险公司副总经理岗位任职资格要求是应当具有大学本科以上学历或者学士以上学位，中级以上相关专业技术资格，兼任总会计师的要具有高级会计师以上专业技术资格或注册会计师等相关职业资格；应当从事金融工作8年以上或者经济工作10年以上，工作业绩突出；应通过保险监管机构的任职考试，取得保险监管机构的高级管理人员任职资格核准；并应当具备下列任职经历之一：①担任财产保险公司分公司总经理以上职务高级管理人员3年以上；②担任财产保险公司部门总经理3年以上；③担任金融监管机构相当管理职务3年以上；④其他足以证明具有拟任职务所需知识、能力、经验的职业资历。

鼎和保险公司选聘工作具有三个特点：一是坚持党管干部原则与董事会依法选择经营管理者、经营管理者依法行使用人权相结合，把南方电网党组的领导和把关作用贯穿职业经理人选聘和管理全过程。二是坚持市场化选聘，按照现代企业制度要求，选聘工作以鼎和保险公司董事会为主组织开展，通过公开选聘等方式，畅通公司现职干部与职业经理人转换通道，引进各方优秀经营管理人才。三是坚持结合企业实际，做到鼎和保险公司董事会职权改革与经理层职业经理人制度同步实施，做到人选要求既符合国有企业领导人员“20字”标准，同时也符合监管部门任职资格要求。

为更好地推进经理层职业经理人改革工作，鼎和保险公司制订了《经理层职业经理人管理办法》，完善了市场化用人机制，畅通干部能上能下通道，健全了“市场化选聘、契约化管理、差异化薪酬、市场化退出”的干部管理机制，并加强绩效考核结果应用，营造出“能进能出”的竞争氛围。在坚持市场化选人用人、市场化业绩考核的前提下，鼎和保险公司深入推进市场化薪酬分配机制改革，实现经营业绩与薪酬挂钩。通过收入“能增能减”机制建设，形成了业绩主导收入的态势，并逐步深入人心。

鼎和保险公司成功完成经理层一正三副选聘工作，顺利完成南方电网赋予鼎和保险公司的经理层职业经理人改革试点任务，其改革做法、改革力度和改革成效在南方电网内部产生较大反响。鼎和保险公司将继续坚持问题导向、目标导向、结果导向，在“能下、能出、能减”上狠下功夫，在强动力、提效率、增活力上不断突破，进一步健全市场化经营机制，推动形成“能者上、优者奖、庸者下、劣者汰”的鲜明用人导向，有效激发经理层活力，为助力南方电网建设具有全球竞争力的世界一流企业贡献自己的力量。

鼎和保险公司经理层职业经理人改革试点是南方电网深化国有企业三项制度改革的一个生动缩影。南方电网将继续以落实国企改革三年行动方案为总牵引，进一步落实国务院国资委有关要求，在完成契约签订的基础上，严格考核、刚性兑现，促进经理层成员履职能力和绩效的不断提升；同时建立工作考核机制，对分子公司推行任期制和契约化管理情况进行评估，组织开展专项督查或抽查，全方位深层次推进任期制和契约化管理改革，在企业强动力、提效率、增活力上取得新突破。

（四）中国化学工程集团在所属企业推行经理层成员市场化选聘实践

中国化学工程集团有限公司（以下简称：中国化学工程集团）是国务院国资委直接监管的大型工程建设企业集团，是中国工业工程领域资质最为齐全、功能最为完备、业务链最为完整、知识技术密集的工程公司。

为进一步激发企业内生动力，完善市场化机制，推动高质量发展，中国化学工程集团按照“市场化选聘、契约化管理、差异化薪酬、市场化退出”原则，坚持业绩导向、市场导向，面向社会公开选聘具有良好的职业道德、职业操守、职业信用及具有过硬的专业素质和治企能力的职业经理人担任经理层成员。中国化学工程集团坚持对经理层以契约化管理为主，企业与经理层签订劳动合同、聘任合同和经营业绩责任书（年度和任期）等契约。经理层考核以经营业绩考核指标为主，考核指标目标值结合本企业历史业绩、同行业可比企业业绩情况等综合确定，年度和任期经营业绩考核内容及指标应适当区分、有效衔接。

2020 年，中国化学工程集团在二级公司和三级公司内有序推进混合所有制改革，并以混改为契机不断激活资本、技术、管理等要素活力和效率，促进企业高质量发展。中国化学工程集团坚持“混”是手段，“改”是目的，在引入战略投资者的同时进行内部体制机制改革，其中包括建立契约化、职业化经理层管理机制，强化市场化激励约束机制。2020 年，中国化学工程集团积极在混改的二级公司和三级公司推行任期制、契约化及职业经理人制度，有多家二级公司和三级公司实现了经理层成员的职业经理人市场化选聘。

2020 年 3 月，中国化学工程集团根据深化改革工作需要，对所控股的 3 家混合所有制企业——中化学交通建设集团有限公司、化学工业岩土工程有限公司、国化和新国际工程发展（北京）有限公司的职业经理人经理层成员进行公开市场化选聘。选聘的岗位有中化学交通建设集团有限公司选聘总经理 1 名、副总经理 2 名、副总经理兼董事会秘书 1 名、副总经理兼总经济师 1 名、副总经理兼总工程师 1 名。化学工业岩土工程有限公司选聘总经理 1 名、副总经理 3 名。国化和新国际工程发展（北京）有限公司选聘副总经理 1 名。在市场化选聘过程中，企业按照“市场化选聘、契约化管理、差异化薪酬、市场化退出”原则，由相关企业董事会与聘任人选签订劳动合同、聘任合同，按职责分工签订年度、任期经营业绩责任书。聘任人员实行任期制，每届任期三年，劳动合同期限与聘任合同一致。经考核，符合退出条件的解除劳动关系退出企业。市场化选聘的经理层成员，按照“业绩与薪酬双对标”的原则，根据所承担任务及履职表现确定薪酬，薪酬总水平与同行业、同规模、同职位、同业绩的市场薪酬对标。

2020 年 4 月，为推进中国化学工程集团“三年五年规划、十年三十年愿景目标”中长期发展战略，全面深化改革，创新管理体制，根据工作需要，中国化学工程集团下属二级子公司——中国化学工程股份有限公司公开选聘部分区域总部负责人，总经理 4 名和副总经理 4 名；下属全资子公司——中国化学工程第十六建设有限公司公开选聘市场营销区域机构负责人，总经理 7 名和副总经理 6 名。聘用人员享受公司区域总部人员薪酬福利待遇，薪酬收入由岗位薪酬、绩效薪酬、特殊奖励等构成，按国家规定缴纳五险一金及休假。

2020 年 7 月，中国化学工程集团下属三级子公司——中化学交通建设集团第二工程有限公司（以下简称第二工程公司）对公司职业经理人经理层成员进行市场化选聘，选聘总经理 1 名、副总经理 2 名、副总经理兼总工程师 1 名。中化学交通建设集团第二工程有限公司按照“市场化选聘、契约化管理、差异化薪酬、市场化退出”原则，与选聘经理层成员签订劳动合同、聘任合同，按职责分工签订年度、任期经营业绩责任书。聘任人员实行任期制，每届聘期三年，劳动合同期限与聘任合同一致。

2020 年 7 月，中国化学工程集团下属专业子公司——中化工程集团环保有限公司对公司经理层成员开展市场化选聘，选聘副总经理 4 名，由董事会与聘任人员签订劳动合同、聘任合同，按照职责分工签订年度、任期经营业绩责任书。实行任期制，每届任期三年，劳动合同期限与聘任合同一致。经考核，符合退出条件的解除劳动关系退出企业。

2020 年 7 月，中国化学工程集团下属三级子公司——中化学华陆新材料有限公司面向全社会公开选聘经理层成员，选聘总经理 1 名和副总经理 2 名。按照公司相关规定，企业与聘任人选依法签订劳动合同、聘任合同书和经营业绩责任书，以契约方式明确聘任岗位、聘任期限、任务目标、权利义务、考核评价、薪酬标准、履职待遇及福利、奖惩措施、续聘和解聘条件、保密要求、违约责任等内容。市场化选聘的经理层成员的薪酬分配实行“业绩与薪酬双对标”机制。

2020 年 10 月，中国化学工程集团的中国化学工程股份有限公司全资子公司——中国化学工程第十三建设有限公司，根据公司发展需要，面向公司内外公开选聘区域经营机构经理层成员，选聘总经理 2 名和副总经理 6 名。以上三家企业，在经理层的薪酬分配方面统一实行“业绩与薪酬双对标”机制。在统筹考虑公司发展战略、经营业绩、薪酬策略等因素基础上确定薪酬总水平，同时根据经理层成员所承担的任务及履职表现确定具体薪酬，确保薪酬水平与同行业、同规模、同职位、同业绩的市场薪酬对标。

下面，以第二工程公司为例，分析和研究其推进经理层成员市场化选聘工作的一些具体做法和情况。

第二工程公司是中化学交通建设集团有限公司的全资子公司，成立于 2020 年，注册资金为 3 亿元。第二工程公司位于山东省青岛市黄岛区，主要经营区域为青岛、烟台、威海等城市，以及辽宁、吉林、黑龙江等省份。

基于中化学交通建设集团有限公司整体战略布局考量和深化改革工作需要，第二工程公司被列为中化学交通建设集团有限公司经理层成员市场化选聘的试点单位，2020 年 7 月，中化学交通建设集团有限公司组织开展第二工程公司职业经理人经理层成员、委派的财务负责人的公开市场化选聘工作。该次市场化选聘岗位有：总经理 1 名，主持公司经理层工作，全面负责公司的生产经营管理工作，包括组织实施年度经营计划和投资方案、营销方案，组织制订机构设置、基本管理流程和规章制度，以及重大项目的可行性研究、方案设计、尽职调查、项目谈判、合同签署和项目实施等工作。副总经理 2 名，分别分管生产、营销，主要负责生产和安全、质量管理、成本管控、物资设备管理和项目建设及运营管理等方面工作，市场开发与营销、经营核算，经营成果预测、资质管理等方面工作。副总经理兼总工程师 1 名，分管技术和信息化管理，主要负责工程关键技术、工法和技术总结，“新技术、新材料、新设备、新工艺”推广和总工程师队伍建设等方面工作。

在公开市场化选聘中，第二工程公司明确了选聘人员的岗位任职条件要求，其中包括基本条件和任职资格条件，如具有较强的创新意识和创新自信，敢闯敢试、敢为人先，勇于变革、开拓进取的要求，与第二工程公司要在竞争激烈的市场上打开局面，占有立足之地的需要相契合。第二工程公司通过资格审核、能力测试、面试、组织考察（背景调查）、公示等程序对应聘人员进行选聘，尤其做好应聘人员面试、班子成员任前谈话等工作。仅在选聘公告发布一个月后，经理层成员全部选聘到位。

在聘任方式方面，第二工程公司按照“市场化选聘、契约化管理、差异化薪酬、市场化退出”原则，双方签订劳动合同、聘任合同，按职责分工签订年度、任期经营业绩责任书。聘任人员实行任期制，每届聘期三年，劳动合同期限与聘任合同一致。

在薪酬待遇方面，第二工程公司对选聘的经理层成员实行“业绩与薪酬双对标”机制。在统筹考虑第二工程公司发展战略、经营业绩、薪酬策略等因素基础上确定薪酬总水平，同时根据经理层成员所承担的任务及履职表现确定具体薪酬，薪酬水平与同行业、同规模、同职位、同业绩的市场薪酬对标。

2020 年，在面对新冠疫情的不利影响和全球经济下行压力的情况下，第二工程公司积极克服疫情带来的不利影响，新调整的经理层成员按照要求增强落实公司发展战略的紧迫感和使命感，迅速进入角色，聚焦抗疫保收，坚持完成全年目标任务不动摇，全力以赴拓展市场，高效开展工作，取得了较好的成绩。

中化学交通建设集团有限公司将进一步健全体制机制，优化干部队伍，通过内部公开选拔、外部公开招聘等方式，在所属企业更大范围推行任期制、契约化及职业经理人制度，打造高素质企业干部人才队伍，不断健全完善市场化经营机制，进一步释放企业发展活力，推动企业实现做强做优做大的目标。

二、地方国有企业经理层成员任期制和契约化管理有关实践

（一）天津市国资委推进经理层成员管理机制改革实践

近年来，天津市国资委党委、市国资委（以下简称“市国资两委”）认真落实党中央、国务院和市委、市政府关于深化国企改革部署要求，在市委组织部领导下，大胆破除思想障碍，勇于探索创新，坚持党管干部原则与发挥市场化机制作用相结合，

以国企改革三年行动为契机，紧紧扭住职业经理人制度建设“牛鼻子”，坚决打破传统的按身份、按级别的旧观念，拓宽与完善选人用人渠道，全力推进经理层成员任期制、契约化管理改革，促进管理人员能上能下、员工能进能出、收入能增能减。

一是注重加强顶层设计，系统化研究出台配套制度取得新突破。在推动落实国企改革各项任务特别是“双百行动”工作中，认真梳理国务院国有企业改革领导小组办公室印发的《“双百企业”推行经理层成员任期制和契约化管理操作指引》《“双百企业”推行职业经理人制度操作指引》等政策要求，同时积极发扬首创精神，坚持摸着石头过河与顶层设计相结合，形成经理层成员管理机制改革“1＋3＋N”制度体系，着力提升规范化管理水平。“1”即中共中央、国务院印发的《关于深化国有企业改革的指导意见》，以及市委、市政府印发的《关于进一步深化国有企业改革的实施意见》；“3”即市委市政府两办印发的《天津市市管企业领导人员管理规定（试行）》《关于市管企业推行职业经理人和市场化选聘经营管理者制度的意见（试行）》《关于市管企业董事会对职业经理人和市场化选聘经营管理者经营业绩考核与薪酬管理的指导意见（试行）》；“N”即市委组织部、市国资委党委制定印发的《天津市市管企业职业经理人管理暂行办法》《天津市市管企业聘任制经理层管理暂行办法》《关于加强市管企业经理层业绩考核和薪酬管理的指导意见（暂行）》，对职业经理人选聘、管理和经理层成员任期制、契约化管理以及经理层薪酬体系、业绩考核体系、薪酬决定机制等作出进一步规范；市国资委党委制定印发《天津市国资系统职业经理人日常管理办法（试行）》，对职业经理人日常管理中涉及的出国（境）及离津、经常性考核、福利待遇、职业发展、个人事项填报、兼职、任职回避以及纪律监督等内容进一步细化和完善。

二是坚持分类分层改革，大力推行经理层成员任期制、契约化管理和职业经理人制度建设取得新进展。围绕打造一支市场化、职业化、契约化的国有企业经营管理团队目标任务，坚持规划引领、试点先行、逐步推开的原则，结合巡视反馈整改、年度考核、全面从严治党主体责任考核等，对每一家市管、委管企业领导班子和经营发展情况进行综合分析，坚持一企一策，在市管企业层面全面推行经理层成员任期制、契约化管理，先后完成轨道交通集团、能源集团、北方国际、市政建设集团等16家市管、委管企业59名经理层成员任期制、契约化管理改革，户数占比47.1%；同步指导推动二三级企业经理层成员完成任期制、契约化管理为503户（实有二三级户数为1463户，其中空壳、僵尸、拟出清等不宜改革户数为638户，实际应改户数为825户），户数占比61.0%。对具备条件的市管企业，严格按照职业经理人“市场化选聘、契约化管理、差异化薪酬、市场化退出”的原则，实行内部转换和外部引进相结合，分类建立工作台账，大力选聘职业经理人。先后完成泰达控股、天津银行、城投集团等 16 家市管企业和津投资本、津智资本等 2 家委管国有资本投资运营公司职业经理人选聘工作，累计选聘 76 名职业经理人，户数占比 52.9%；同步指导二三级企业完成职业经理人选聘 311 家 710 名，户数占比 37.7%。

三是强化自上而下联动，加速建立贯通一体的市场化选人用人机制取得新成效。市国资两委将三项制度改革列入年度绩效考评体系，聘请业内专家召开 5 次政策宣传贯彻和业务培训会，实行月调度机制，先后召开 15 次调度会，平均每周深入 5 户至 7 户二三级企业现场指导推动；制订跟进监督措施，累计对泰达控股、渤海轻工、天房集团、市政建设等 12 家重视程度不够、改革成效不明显、推动力度不大的市管企业主要领导进行主责约谈。同时，各集团成立领导小组，组建专班，建立旬调度机制，先后有 26 户市管企业聘请了一流人力咨询机构作为“政策外脑”予以推动落实。市管、委管 34 家一级企业推行经理层成员任期制、契约化管理（包括职业经理人选聘）达到 100%，做到了全覆盖；二三级企业经理层成员改革占比达 98.7%；完成一级企业 1069 名中层管理人员任期制、契约化管理改革任务，完成率 100%。在推进经理层成员任期制、契约化管理改革中，严格落实末等调整、不胜任退出机制，累计调整 36 名市管企业领导班子成员和 133 名中层管理人员，其中 118 名降职或降级（35 名降为普通员工），33 名安排专项工作，5 名解除劳动合同，13 名进行组织调整。同时，还建立完善了以管资本为主的国有资产监管体制，在市管企业实行委派总会计师制度，先后向市管、委管企业委派总会计师 21 名，2021 年开始在重点子企业推行。

四是规范选聘程序，精准细化审批流程，在人选的选准选好上探索新路径。坚持把党组织把关定向作用贯穿到职业经理人选聘工作各个方面、各个环节，明确 14 个流程步骤，严格履行选聘程序。在市管企业职业经理人选聘中，市委常委、组织部部长在每个环节都定向把关，在确定考察人选时，呈报市委书记、市长审定。坚持不拘一格，“天下人才天津用”，突出业绩导向，选聘经理层成员，原有经理层人员“全体起立”，与社会应聘人员同等对待、同台竞争、择优选用，不搞“简单翻牌”。市管、委管企业已选聘的 76 名职业经理人中 78.9% 来自外省市。坚持把政治标准放在首位，坚决做到“三个排除在外”：对考察中发现的口袋党员、长期不交党费、不过组织生活或者存在廉洁从业风险的，坚决排除在外；对考察中发现不讲诚信的，事实证明不托底的，坚决排除在外；看思路，更看业绩，对于面试中夸夸其谈、工作实绩并不突出的坚决排除在外。2021 年以来，针对已经实行职业经理人制度的市管企业出现退出人员的情况，会同市委组织部进一步研究规范《市管企业职业经理人个别补充选聘工作程序》。

五是坚持“双对标”机制，完善薪酬管理和科学建立考核评价体系形成新共识。

制定印发《关于加强市管企业经理层业绩考核和薪酬管理的指导意见（暂行）》，建立以主业利润为核心的薪酬考核体系，对职业经理人实行市场化薪酬，任期制、契约化管理经理层实行委任制领导人员薪酬制度体系，与经营业绩挂钩更加紧密的薪酬决定机制。绩效年薪与主业利润直接挂钩，其他考核指标通过系数对薪酬进行调节；主业利润实行门槛值和目标值分档考核，未达门槛值的，绩效年薪直接为零，超过目标值的，任期制、契约化管理经理层绩效年薪可以达到上限，职业经理人可以计提超额奖励。按照“一企一策”原则，指导企业充分调研、深入研究论证，参考有代表性的央企、经济发达地区大型国企和实施职业经理人的国有资本投资运营公司市场化高管人员薪酬水平等，并广泛听取财政、人社部门意见，制定薪酬考核方案。市管企业职业经理人薪酬总水平基本对标市场，任期制、契约化管理其他经理层成员薪酬在不超过上年度在岗职工平均工资10.4倍范围内确定，充分体现“强激励、硬约束”导向，彻底打破了“高水平大锅饭”现象。

六是强化选聘后管理，引导职业经理人干事创业取得新成绩。在市管企业集团及所属子企业基本完成职业经理人选聘工作后，市国资两委聚焦聘后管理，制定实施《天津市国资系统职业经理人日常管理办法（试行）》等制度，规范职业经理人履职行为，进一步促进职业经理人干事创业。建立、完善职业经理人日常谈心谈话和沟通交流机制，企业党组织、董事会定期听取职业经理人汇报，坚持“五必谈”，充分听取意见建议，协调解决他们住房、子女教育、配偶工作等实际问题，帮助职业经理人融入天津、融入企业。积极组织座谈交流、专题研讨、职业经理人沙龙等活动，在疫情期间、节假日通过微信工作群进行慰问，传递组织温暖。组织开展职业经理人年度综合考核工作，通过多维度测评和深入谈话等方式，做好履职分析调研，研究提出考核等次，及时兑现福利薪酬待遇。通过一系列选人用人制度创新，给企业带来了全新的市场化经营管理理念，促进企业管理人员和员工队伍思想转变，起到明显的“鲶鱼效应”，全市上下已经形成必须改、愿意改、加快改的思想共识。新的经理层成员精神状态好，干事信心足，能够自觉接受企业党组织领导，深入基层调研，主动对接市场，大胆实施改革，在创新体制机制、优化业务流程、规范经营管理等方面作出了积极贡献，有效激发了企业的内生动力和创新活力。天津市管企业在2019年扭转连续3年效益负增长局面的基础上，2020年实现利润总额同比增长4.6%、净利润同比增长11.2%。

（二）南京旅游集团有限责任公司经理层任期制和契约化管理实践

南京旅游集团有限责任公司（以下简称“南旅集团”）成立于2017年12月，是南京市委市政府重点打造的唯一一家市属国有旅游产业专业化运作平台，业务包括旅游开发、景区运营、旅游服务、酒店餐饮、商业会展、旅游金融等板块，南旅集团是江苏省内规模最大和产业链最完善的大型国有旅游企业。2019 年和 2020 年，南旅集团连续两年蝉联“中国旅游集团 20 强”。

南旅集团是江苏省入选国企改革“双百行动”的六家企业之一，也是南京市唯一一家入选国企改革“双百行动”的地方国企。南旅集团抓住改革试点机遇，深化改革补短板，转换机制强弱项，在一批重点领域和关键环节改革上下功夫。南旅集团突出市场化改革方向，积极发挥改革尖兵作用，在落实董事会职权、建立分级授放权体系、实行经理层任期制和契约化管理、推行职业经理人制度、完善市场化激励约束机制等方面不断探索实践。

在规范董事会建设方面，南旅集团在南京市属企业中率先探索外部董事占多数的董事会制度。南旅集团董事会成员有 5 名，其中 3 名外部董事为选聘的旅游、法律、财务方面专家。

在完善重大事项决策制度方面，南旅集团优化“三重一大”决策流程，明确党委会、董事会、监事会和总经理办公会的议事规则和决策范围，修订了南旅集团公司章程，进一步厘清出资人与董事会之间的权责清单，构建起分工明确、职责清晰、运转高效的决策机制，助推企业高质量发展。

在市场化选聘经理层方面，南旅集团率先开展市场化选聘经理层试点，这是南旅集团“双百行动”综合改革“五突破、一加强”中市场化经营机制改革的重要内容。南旅集团曾于 2018 年 5 月通过市场化方式，按照报名、资格审查、面试、面谈、组织考察、确定拟聘人选与聘任等流程选聘了 1 名副总经理，主要负责旅游项目运营、旅游产品开发、旅游节庆活动组织等。南旅集团按照董事会聘任、契约化管理、差异化薪酬、市场化退出的原则对市场化选聘的副总经理进行管理。南旅集团与选聘人员签订聘用工作合同和劳动合同，下达聘任书，聘期与南旅集团董事会同步。选聘人员参与南旅集团领导班子分工，明确分管部门和联系企业。南旅集团对选聘人员进行年度考核和聘期考核，年度考核评价为“不称职”或连续两年考核评价为“基本称职”的，予以解聘；聘任期满、考核合格的，进行续聘。

2020 年，南旅集团在全面推行任期制和契约化管理及职业经理人试点改革过程中，及时总结以往成果和经验，着力突出差异化考核分配，在转换企业经营机制上寻求突破。主要包括：一是增强考核的“硬度”。南旅集团对标杭州商旅、首旅集团，各成员企业对标行业最好水平，通过对标找差距，制订和落实 3 年任期目标和考核激励措施，“保证基本、拉开差距、加大激励”。南旅集团成员企业各项指标达行业平均水平的取行业平均薪酬，超过行业平均水平的发放市场化薪酬，3 个年度未达到行业平均水平的调整子企业班子，充分调动南旅集团上下干事创业的积极性。二是拓展管理的“精度”。南旅集团对成员企业实行分级分类管理，按功能定类别、按规模定等级、按贡献定薪级。采用差异化的考核指标，对于市场化程度较高的企业，以利润、ROE、GOP 为核心指标；对于承担重点建设任务的企业，加大对重点任务完成进度和质量的考核，通过精准化考核指标引导，加快企业转型发展、创新发展、跨越发展。三是深化分配的“力度”。南旅集团深化薪酬、考核、激励三项制度改革，打破论资排辈，树立“以业绩论英雄”的导向，形成收入能增能减的分配机制。

2020 年，南旅集团积极推进七大类 26 项改革任务，通过深化内部制度改革、完善市场化经营机制、探索多种分配激励方式、推进股权多元化和混合所有制改革、加快资产证券化，全面激发企业活力，提高企业市场竞争力和经济效益，努力开创改革发展新局面，为南京“创新名城美丽古都”建设贡献国企力量。南旅集团经营业绩大幅提升，主要经济指标连续高速增长，成为江苏省内跻身全国旅游集团 20 强的国有企业之一。南旅集团改革经验成果也得到国务院国资委和江苏省国资委等有关方面的肯定。

2020 年，为更好地推行任期制和契约化管理，探索建立职业经理人制度，南旅集团二级子企业经理层全面推行任期制和契约化管理及职业经理人试点。2020 年 6 月，南旅集团举行全面推行任期制和契约化管理及职业经理人试点集中签约仪式，南旅集团各企业董事会与经理层签订《聘任合同》和《经营业绩责任书》，南旅集团二级子企业经理层成员全面实行任期制和契约化管理，非经理层领导班子成员实行任期制考核，通过聘任协议、经营业绩责任书明确经理层的聘任期限、岗位职责、薪酬标准、考核激励及续聘、解聘条件等条款，加强对经理层的制度约束、组织约束、契约约束，保证契约化协议的刚性执行，打破“铁交椅”“大锅饭”，实现干部队伍优胜劣汰。

南旅集团全面推行经营管理人员任期制和契约化管理，不断深化经营管理人员选拔任用制度改革，对于激发经营管理人员的潜力和活力，培养高素质经营管理人才队伍，激活企业高质量发展“源头活水”具有重要意义。南旅集团将继续发挥综合改革“尖兵”作用，瞄准“提高净资产收益率、资产证券化率”两个核心指标，实施“大项目拉动、大企业带动、大整合联动”三项战略，强化“改革活企、人才兴企、管理强企、党建护企”四个支撑，推动国企改革“双百行动”走深走实，不断发挥改革乘数效应，促进国有资本做强做优做大。

（三）深圳市特区建设发展集团有限公司总经理市场化选聘实践

深圳市特区建设发展集团有限公司（以下简称“特区建发集团”）成立于 2011 年，

是深圳市属全资国有企业，拥有下属全资及控股企业17家、参股企业5家、二类事业单位1家，担负着深圳市基础设施投资建设运营、科技园区开发建设运营、功能性投资三大平台作用，承担政府重大基础设施投资、对接央企合作、PPP项目实施、对口帮扶产业转移、政策优惠和产业扶持实施、城市公共事业运营管理、战略性投资和新兴产业投资等工作，先后获得“广东企业500强”“深圳企业100强”“深圳创新企业70强”等称号。

2018年，特区建发集团被列为“双百行动”试点企业。为加快推进特区建发集团改革发展，建立现代企业制度，完善企业法人治理结构，2020年7月，特区建发集团组织开展市场化选聘总经理工作，其职责包括：主持集团的经营管理工作，并向董事会报告工作；拟订并组织实施集团年度经营计划、投融资方案、年度财务预算和风险控制方案；组织实施董事会决议，并落实上级产权部门部署的重大工作；拟订集团内部管理机构设置方案；拟订集团的基本管理制度；制订集团的具体规章制度；拟订集团员工的薪酬方案、特别贡献奖的奖励办法、企业年金方案、住房公积金方案；提请董事会聘任或者解聘集团副总经理；按有关规定、程序，决定聘任或者解聘除应由董事会决定聘任或者解聘以外的集团人员（党群干部除外）；公司章程和董事会授予的其他职权等。

选聘的总经理任职条件要求包括：具有良好的政治素质、职业操守和个人品行，熟悉现代企业经营管理，具备履行岗位职责所必须的专业知识和能力，具有良好的履职记录，工作业绩突出，管理能力、执行能力、创新能力强，具有良好的心理素质和能够正常履行职责的身体条件，具备国家相关行业管理部门要求的任职资格，符合有关法律法规规定的资格要求，且应符合以下条件之一：①现任世界500强企业中以产业园区开发运营、基础设施建设运营或商业地产为主业的综合性企业集团或其下属大区域公司的正职，或任副职2年以上；②现任总资产在800亿元以上的城市综合开发运营类企业正职，或任副职2年以上；③现任（曾任）全国经济较发达的地级市党政领导班子成员；或现任（曾任）省（自治区）、市（含直辖市、计划单列市、副省级市）发展改革、规划国土、住房建设等单位领导班子正职，或副职2年以上。

特区建发集团按照线上报名、资格审查、素质测评、第一轮面谈、第二轮面谈、背景调查或组织考察、确定拟聘任人选、体检、聘任等选聘流程组织开展有关工作。2020年12月，选聘出的人选担任了特区建发集团董事、总经理，并任特区建发集团党委委员、副书记。

在聘后管理方面，特区建发集团按照“市场化选聘、契约化管理、差异化薪酬、市场化退出”原则，进一步优化选人用人机制，对标市场薪酬水平，为市场化选聘的总经理提供具有市场竞争力的薪酬。总经理薪酬由基薪、绩效薪酬和法定福利待遇等构成。特区建发集团对市场化选聘的总经理实行契约化管理，聘用周期与董事会聘期保持一致，并实行一年的任职试用期。

今后，特区建发集团将结合集团的“十四五”规划目标，借鉴优秀企业的卓越管理经验，进一步推进二级企业经理层成员任期制和契约化管理工作，全面构建与国有企业市场化地位和业绩贡献相匹配、与考核结果紧密挂钩、增量业绩决定增量激励的长效激励约束机制，全面实施人力资源项目化配置和优秀人才市场化薪酬，全面落实综合管理类、专业技术类和核心骨干类三类人才培养目标，全面加强干部双向挂职交流和优秀年轻干部培养选拔，全面优化二级企业法人治理结构，健全二级企业董事会、监事会组织体系，为特区建发集团高质量发展增添动力。

（四）深圳市振业（集团）股份有限公司经理层成员市场化选聘实践

深圳市振业（集团）股份有限公司（以下简称“深圳振业集团”）是深圳市国资委直管的国有控股上市公司，成立于1989年，1992年在深交所上市，是深圳市23家具备房地产开发一级资质的房地产企业之一。深圳振业集团按照“立足深圳，布局全国”的发展思路，形成以深圳为中心，以广州、天津、西安、长沙、南宁、惠州等城市为重点，并向周边辐射的全国性战略布局。

按照深圳市委组织部、市国资委的统一部署，2020年6月，深圳振业集团面向社会公开组织开展集团经理层成员市场化选聘工作。其中选聘岗位包括：总经理，负责主持公司日常生产经营管理工作；成本副总经理，负责协助总经理分管项目开发、成本管理，以及董事会决定的其他分工事项；工程副总经理，负责协助总经理分管项目开发计划、工程进度、规划设计、质量、安全与文明施工管理，以及董事会决定的其他分工事项；投资副总经理，负责协助总经理分管土地储备、项目营销、集团产权管理，以及董事会决定的其他分工事项；行政副总经理，负责协助总经理分管行政综合、文秘法律、公共事务、财务、资金及预算管理，以及董事会决定的其他分工事项。

选聘岗位任职条件要求包括：具有良好的政治素质、职业操守和个人品行，中级以上专业技术职称，具有累计10年以上专业房地产企业工作或任职经历，具有和应聘岗位相关的企业管理经验或项目管理经验等。应聘总经理的，应担任境内外同层次大型企业正职，或任副职2年以上；应聘副总经理的，应担任境内外同层次大型企业高管，或中层正职3年以上；熟悉现代企业经营管理，具备履行岗位职责所必须的专业知识和能力，有良好的履职记录，工作业绩突出，管理能力、执行能力、创新能力强；具有良好的心理素质和能够正常履行职责的身体条件；具备国家相关行业管理部门要求的任职资格，符合有关法律法规规定的资格要求等。

深圳振业集团按照线上报名、资格审查、素质测评、第一轮面谈、第二轮面谈、背景调查或组织考察、确定拟聘任人选、体检、聘任等选聘流程组织选聘工作。经过两个多月的周密组织安排，在历经简历筛查、资格审查、素质测评、第一轮面试、第二轮面试等环节后，深圳振业集团一名原副总经理在众多应聘者中脱颖而出，获得选聘专家组的一致认可。2020 年 10 月，深圳振业集团组织召开第九届董事会 2020 年第二十二次会议暨提名委员会第三次会议，对总经理候选人的任职资格进行审查，会议一致认为，候选人符合总经理任职资格，同意聘为集团总经理。

2020 年 12 月，深圳振业集团组织召开第九届董事会 2020 年第二十九次会议，审议通过了《关于聘任公司副总裁的议案》和《关于管理层分工的议案》，决定正式聘任四名公司副总经理（其中，两名原为深圳振业集团内部人员，两名来自集团外部），并对深圳振业集团经理层职责分工进行明确，标志着历时近半年的经理层市场化选聘工作圆满落下帷幕。

在聘后管理方面，深圳振业集团按照“市场化选聘、契约化管理、差异化薪酬、市场化退出”原则，对标市场薪酬水平，为市场化选聘的经理层提供具有市场竞争力的薪酬。薪酬由基薪、绩效薪酬和法定福利待遇等构成。深圳振业集团对市场化选聘的经理层实行契约化管理，聘用周期与董事会聘期保持一致，并实行一年的任职试用期。深圳振业集团积极推进激励约束机制改革，探索推进项目跟投制度实施，研究构建薪酬分配与经营业绩、绩效强挂钩的长效激励约束机制，充分调动大家干事创业的主动性、积极性。

深圳振业集团通过经理层市场化选聘工作成功选聘了具有丰富管理经验的优秀人才，打造了一支高素质、专业化、年轻化的职业经理人队伍，初步建立了“能上能下、能进能出、差异化薪酬、市场化退出”机制，实现了经理层聘任制和契约化管理，增强了人才队伍中坚力量，对加快推进企业发展改革，建立现代企业制度，完善市场运营机制等具有重要的意义。

（五）辽宁省城乡建设规划设计院有限责任公司经理层任期制和契约化管理实践

辽宁省城乡建设规划设计院有限责任公司（以下简称“辽宁省规划院”）成立于 1991 年，隶属于辽宁省城乡建设集团有限责任公司（以下简称“辽建集团”），是一家具有城乡规划、建筑工程设计、风景园林工程设计、测绘、旅游规划五个甲级设计资质，市政工程设计、土地规划、工程咨询、农林行业四个乙级资质，水利行业丙级资质，同时拥有人防设计资格、工程总承包资格的综合性设计单位。

“科改示范行动”是完善国有科技企业公司治理、市场化选人用人、强化激励约束、不断激发企业活力、提高生产效率的有力抓手。2020 年年初，辽宁省规划院被辽宁省国资委推荐参与“科改示范行动”，并成为第一批入选“科改示范行动”企业。

辽宁省规划院积极把握住这一历史机遇，切实落实好各项改革工作，在推进“科改示范行动”的同时统筹推进三项制度改革和混改等多项国企改革任务。辽宁省规划院着力把完善公司治理、加快市场化选人用人、健全市场化激励约束机制、激发科技创新动能、深入推进三项制度改革、探索推进混合所有制改革、完善党的领导等作为重点任务，按照“科改示范行动”要求，积极做好各项准备工作，成立了工作领导小组，完成了对咨询公司的招标工作。2020 年 7 月，由中标的咨询公司根据辽宁省规划院特点制订了《项目工作实施方案》。整个工作计划分为调研诊断、组织优化、薪酬激励、法人治理和宣贯落地五个模块，整体项目设计以及前期准备工作时长为五个月左右。

咨询工作第一阶段的主要工作是针对辽宁省规划院管理现状进行调研诊断。在为期一个半月的调研中，咨询公司通过调取相关制度和文件材料，全面了解辽宁省规划院的历史沿革情况，经营现状以及发展战略。通过深度访谈各级管理、核心专业人员 30 余人，并向全员发布线上调查问卷的方式，深入了解了辽宁省规划院的组织架构、体制机制。2020 年 8 月，针对辽宁省规划院管理现状，形成辽宁省规划院在战略组织层面、人力资源发展、薪酬管理体系和绩效管理体系等方面的系统诊断结论。

2020 年 11 月，辽宁省规划院与咨询公司对组织机构整体设计、部门机构设置、分院机构设置、业务管理模式、岗位职级与薪酬等方面进行了深入讨论，并确定在接下来的工作中，主要工作内容包括：一是坚持问题导向，深入了解当前存在的重要问题和亟须解决的主要矛盾，下沉到各部门中了解具体情况；二是要紧密结合辽宁省规划院“十四五”规划以及发展实际与形势，立足于辽宁省规划院发展战略预期，制订好科改方案；三是要在加强生产经营、技术管理和科研方面多下功夫，选拔优秀人才充实到岗位中；四是加强人力资源管理，重点在人才引进战略、员工培训、考核、职级晋升等方面制订具体办法；五是要给能力强的员工拓宽晋升通道，发挥才能和智慧，为辽宁省规划院发展搭建人才梯队；六是要重新制订薪酬体系，考核和薪酬要对标，通过市场化手段让企业充满活力；七是在法人治理结构调整和虚拟股权方面做尝试和探索。最后，经过研究讨论，辽宁省规划院与咨询公司确定了下一步工作方案，并组织开展组织优化、薪酬激励和法人治理等方面的工作，完成了“一案两书两办法”等的制订工作。

随后，根据“科改示范行动”的有关要求并结合辽宁省规划院公司章程，辽宁省规划院在内部以公开竞聘的方式组织选拔一名副总经理，于2020年12月21日下发了《辽宁省城乡建设规划设计院有限责任公司公开竞聘通知》，号召符合条件的人员踊跃报名。经过审查筛选，有三名同志符合要求，入围副总经理候选人。在竞聘演讲环节中，三名候选人分别从各自工作经历、取得的业绩成果和未来打算等方面进行阐述，评委当场提问，并进行打分投票。根据得分情况，三名候选人中获得最高分的，被确定为副总经理拟任人选。

2021年1月，辽宁省规划院举行“科改示范行动”经理层签约仪式。在签约仪式上，辽宁省规划院董事长与总经理、总经理与副总经理正式签订聘用协议及目标业绩责任书，以“公平竞争、业绩导向、人岗相适、择优聘用”为原则，对经理层成员实行任期制与契约化管理。至此，辽宁省规划院完成了“一案两书两办法”的制订和经理层选聘工作，辽宁省规划院的“科改示范行动”工作也迈出了非常重要的一步。

辽宁省规划院实行经理层任期制和契约化管理，加强了自身的现代化管理能力，形成了干部能上能下、能进能出、择优选拔机制。辽宁省规划院将以“科改示范行动”为契机，树立改革创新意识，全面推进其所属各级子企业经理层成员任期制和契约化管理工作，在更大范围、更深层次推动自身不断完善市场化经营机制，建立健全细化相关工作机制，形成可落实可操作的制度安排，充分激发人员的积极性和主动性，切实提升企业的活力与竞争力。

第四章　职业经理人制度建设有关实践

党的十九大对深化国有企业改革作出新部署，要求更深层次、更广范围、更大力度推动国有企业深化改革，国务院国有企业改革领导小组选取有较强的改革必要性和紧迫性、有较强的代表性和广泛性、有较强的改革意愿和主动性的国有骨干企业，在2018—2020年实施国企改革“双百行动”，并以深化供给侧结构性改革为主线，按照高质量发展的要求，深入推进综合性改革，打造一批治理结构科学完善、经营机制灵活高效、党的领导坚强有力、创新能力和市场竞争力显著提升的国有企业改革尖兵。

推行职业经理人制度一直是国资国企改革的重要内容之一。职业经理人制度是在任期制和契约化管理的基础上，更加突出落实董事会选人用人权，更加强调市场化的选聘和退出，明确提出董事会依法选聘和管理职业经理人，党组织在确定标准、规范程序、参与考察、推荐人选等方面把好关；明确提出职业经理人市场化选聘的标准、来源和程序；明确提出在职业经理人解除（终止）聘任关系的同时，依法解除（终止）劳动关系。此外，在职业经理人薪酬方面着重强调“业绩与薪酬双对标”原则，由董事会与职业经理人根据一系列相关因素协商确定职业经理人薪酬。下面，围绕职业经理人制度建设的有关实践进行讨论。

一、中央企业子企业职业经理人制度建设有关实践

（一）中建一局集团第二建筑有限公司推进职业经理人制度建设实践

中建一局集团第二建筑有限公司（以下简称“中建一局二公司”）始建于1953年，是2020年世界500强第18位、世界最大的投资建设集团——中国建筑集团旗下的三级核心子企业。拥有以房屋建筑工程施工总承包特级资质、市政公用工程施工总承包壹级资质、机电工程施工总承包壹级资质为主的16项企业资质。

近年来，中建一局二公司聚力突破转型升级，由工业建筑的开路先锋，变身为基

础设施建设的探索者、管廊施工的领军者，由南征北战的拓荒者晋级为融资建造领域的引领者，形成房屋建筑、基础设施、环境治理、投资建造、机电安装的产业布局。在不断开拓创新中积累了丰富的施工经验，成长为综合实力雄厚、技术设备精良、管理水平先进的一流建筑企业。

中建一局二公司于 2018 年入选国务院国企改革“双百行动”企业，成为中国建筑集团旗下入选“双百企业”的两家单位之一。中建一局二公司立足“强主业”，推进主体企业的“股权多元化”改革，充分发挥金融服务主业作用，以达到推动和实现企业更好更快发展的目的。立足“促转型”，公司作为中建一局核心子企业、转型升级重点子企业，始终立足企业转型升级发展需求，不断提升企业的创新能力和市场竞争能力。

中建一局二公司积极引入战略投资者，以“市场化债转股”方式引入战略投资者 3 亿元注资，对公司进行增资扩股，将金融资源优势和公司专业优势相互融合形成合力。2020 年 6 月，中建一局二公司拿到增资扩股后的新版营业执照。注册资本由原 3. 6 亿元增加至 5. 33 亿元。

与此同时，中建一局二公司以深化人事、劳动、分配三项制度改革为抓手，推行与市场化经营机制相匹配的选人用人机制、用工分配体系改革，让三项制度改革成为企业双百改革的助推器。中建一局二公司依据《中建一局子企业职业经理人管理办法（试行）》，围绕法人治理结构，职业经理人的选聘管理、契约管理、考核评价、薪酬激励、退出机制和监督约束等内容进行深入研究和精心设计，将人事、劳动、分配“三项制度”改革与“双百行动”同频共振，探索实施具有中建特色的职业经理人制度，建设一批具有企业家精神和职业经理人素养的高级管理人员队伍。最终，中建一局二公司制订了职业经理人实施方案，并同步出台职业经理人实施管理办法、选聘管理办法、经营业绩考核管理办法以及薪酬管理办法等配套管理制度，最终完成职业经理人选聘。按照“业绩 + 薪酬”双对标原则建立定薪机制，根据中建一局二公司发展战略目标、经营业绩、市场同类可比人员薪酬水平等因素确定薪酬水平范围。同时，配套建立了相应的兑现机制、任期激励机制以及退出机制。

2020 年 11 月 24 日，中建一局二公司举行职业经理人就位仪式，标志着中建一局二公司作为中国建筑集团首家实施职业经理人制度的三级子公司，在推进国企改革“双百行动”，完善市场化经营机制上迈出实质性的一步，干部人事制度改革开启新局面。就任的 8 名职业经理人包括公司总经理及分管营销、商务、科技、财务、投资、海外、人力板块的副总经理，由公司按照“市场化选聘、契约化管理、差异化薪酬、市场化退出”原则进行管理。

中建一局二公司通过引入战略投资者、落实董事会职权、推行职业经理人等改革举措，在稳妥推进股权多元化和混合所有制改革、健全法人治理结构、完善市场化经营机制、健全激励约束机制等方面取得阶段性成果。借助“双百行动”的发展机遇，中建一局二公司将以更加积极的态度推进企业改革发展，在实践中不断优化和完善企业管理体系，逐步形成完善成熟的职业经理人制度体系。职业经理人管理团队将充分发挥企业家作用，履职尽责，遵守契约精神，共同谋划企业发展新篇章。中建一局二公司还将通过实施中层管理者市场化选聘和契约化管理，真正实现人事制度改革从上到下，一通到底，将“双百行动”综合改革向纵深推进，进一步激发人才活力，助力企业做强做优做大。

（二）中国国投高新产业投资有限公司推行职业经理人制度建设实践

国家开发投资集团有限公司（以下简称“国投集团”）成立于1995年，是中央直接管理的国有重要骨干企业，是中央企业中唯一的投资控股公司，是首批国有资本投资公司改革试点单位。

中国国投高新产业投资有限公司（以下简称“国投高新”）是国投集团前瞻性战略性新兴产业投资平台，以服务国家战略为初心和使命，坚持控股投资与基金投资协同发展，助推中国战略性新兴产业发展，主要从事控股并购投资业务和股权基金投资业务，是管理国家级政府引导基金支数最多的股权基金投资管理机构，也是央企中从事股权基金业务较早、品种较全、规模较大的股权基金投资管理机构之一。

国投集团根据国有资本投资公司的功能和定位，按照“一企一策、试点先行”的原则，自2016年起，对国投高新等试点子企业开展充分授权改革，将《中华人民共和国公司法》（以下简称《公司法》）规定的选人用人权、自主经营权、薪酬分配权等70多个事项授权国投高新董事会决策，推动决策责任归位和管理责任到位，实现资本权利上移，产业经营责任下沉，充分激发企业的活力。

2018年，国投高新被确定为国有企业改革“双百企业”。作为国有企业改革“双百企业”综合改革试点单位，2019年，国投高新完成股权多元化改革，成功引入华侨城资本、工银投资、农银投资、双百基金四家战略投资者，共募集资金约55亿元。

在完成“引资本”、完善法人治理结构的基础上，国投高新按照“双百企业”改革要求进一步聚焦“转机制”，通过转换市场化经营机制，完善激励约束，建立健全权责对等、运转协调、有效制衡的决策执行和监督机制，深入推进内部机制改革各项举措落地。

2020年，为适应国投高新改革和发展需要，国投高新按照《公司法》及其《公司章程》有关规定，以市场化方式公开选聘国投高新经理层成员。选聘岗位有：总经理 1 名，全面负责国投高新日常经营管理工作，分管安全生产工作，协助董事长分管战略发展及人力资源管理工作；副总经理 4 名，分别分管投资、财务（兼任董事会秘书）、运营、风控，主要负责直投控股业务及资产管理业务，财务管理及“三会”管理等方面工作，基金管理及控股企业运营管理等方面工作，风控、法律、合规、审计及行政管理等方面工作。

国投高新坚持“公开、平等、竞争、择优”的原则，面向社会公开选聘。应聘人员通过登录招聘平台进行在线报名。国投高新规定选聘岗位人员的任职资格包括基本条件和资格条件。并规定了禁入情形：如正接受司法机关立案侦查或纪检监察部门立案审查的，或受到诫勉、组织处理或者党纪政务处分等情况的；品行不端、弄虚作假、道德败坏，有相关不良记录，处于个人失信被执行期间的；配偶已移居国（境）外，或者没有配偶，子女均已移居国（境）外；《公司法》第 146 条所列情形及《中华人民共和国企业国有资产法》《企业国有资产监督管理暂行条例》等法律法规规定的禁入情形。

国投高新按照简历筛选、面试、体检及背景调查等程序，择优确定录用人选。2020 年 9 月，经过全社会公开招聘，国投高新董事会从 709 名应聘人员中自主选聘包括总经理在内的 5 名职业经理人。2020 年 9 月 14 日，国投高新召开新一届经理层聘任大会，新任总经理、副总经理的 5 名经理层成员全部都是选聘的，其中两名来自国投集团总部职能部门，两名来自系统外知名企业，1 名是国投高新内部培养提拔，经理层成员平均年龄较之前年轻了 8 岁。

另外，国投高新还清晰界定了董事会、监事会、党委会及经理层的权责边界，规范董事长、总经理行权行为，充分发挥董事会的决策作用、监事会的监督作用、经理层的经营管理作用、党组织的政治核心作用，实现规范的公司治理。落实和维护董事会依法行使重大决策、选人用人、薪酬分配等权利，保障经理层经营自主权。董事会对经理层聘任人员按职业经理人进行管理，股东会、董事会履行股东监管职责，经理层负责日常经营决策。

国投高新通过职业经理人改革，进一步拓展了选人视野，优化了班子结构，激发了队伍活力，新班子的知识结构也更好地匹配了新发展阶段的要求，在“干部能上能下、员工能进能出、收入能增能减”方面取得突破性进展，在深化国企领导人员管理体制改革中迈出了重要一步。

国投高新通过深化体制机制改革，把国企体制与市场化机制充分嫁接，按照市场规律办事，畅通职业经理人身份的转换通道，强化人才激励，充分发挥人才的优势，尊重人才的价值，吸引人才、激励人才、留住人才。借鉴行业先进经验，凭借市场化的体制机制和专业化的管理水平，赢得了社会各界的广泛认可。

此外，在国投高新职业经理人制度建设的基础上，国投集团职业经理人制度建设由点到面，在更大范围推行职业经理人制度，形成了“坚持一个方向、把握六个环节、做好一个结合”的职业经理人制度建设的一套做法和经验。其中，“坚持一个方向”，就是坚持市场化改革方向，不断提高职业经理人的市场化、专业化和职业化水平。“把握六个环节”，即主要聚焦选聘、契约、考核、薪酬、退出、监管六个环节，健全完善职业经理人的选用制度。“做好一个结合”，就是要把党管干部与董事会依法选择经营管理者有机结合。国投集团在推行职业经理人的同时，在企业经理层全面推行任期制和契约化管理，构建战略规划与任期制和契约化管理、中长期激励相结合的考核分配联动机制，并以深化经营机制改革为保障，推动实现战略目标，更好服务国家战略，推动国企改革三年行动落地见效。

（三）中国通用技术（集团）控股有限责任公司推进职业经理人制度建设实践

中国通用技术（集团）控股有限责任公司（以下简称“中国通用技术集团”）成立于1998年，是中央直接管理的国有重要骨干企业，是中国重要的先进装备制造商、国际工程承包商、医药生产与供应商、技术服务与咨询商、建筑地产商，核心主业包括贸易与工程承包业、医药健康产业、技术服务咨询与先进制造业等。2018年12月，中国通用技术集团获批成为国有资本投资公司试点企业。

中国通用技术集团以国有资本投资公司为抓手全面深化改革，不断提升管理体系和能力建设，扎实推进“双百”“科改”等专项行动，深化三项制度改革。在职业经理人制度建设上，中国通用技术集团明确职业经理人选聘条件和任职资格；提出职业经理人市场化选聘方式包括内部转聘、公开招聘、委托推荐等方式，企业可结合实际，内外部选聘方式同时组织进行；规定职业经理人市场化选聘程序一般包括：职位确定、制定方案、发布公告与公开报名、资格审查、综合甄选、调研考察、党委研究、公示、董事会聘任等；企业对职业经理人实行聘任制与任期制，企业与职业经理人签订劳动合同、聘任合同、绩效合同；企业董事会负责职业经理人考核，根据职业经理人岗位职责分工和重点任务目标，实行一人一岗的差异化考核，并采取试用期考核、年度考核与任期考核短中期相结合的考核机制；企业对职业经理人实行市场化薪酬分配与激励机制，综合考虑企业所处行业、企业规模、地域分布等因素选择对标企业，按照“业绩＋薪酬”双对标，并统筹考虑内部收入分配关系确定职业经理人的薪酬水平；职业经理人薪酬结构包括年度薪酬、任期激励，并视情况可开展中长期激励；职业经理人薪酬水平与经营目标完成情况应紧密挂钩，并建立追索扣回机制；企业应建立职业经理人退出机制，依据职业经理人聘任合同、绩效合同的履行结果以及综合表现等情况，采用退职退企等方式；企业应重视职业经理人的培养，拓展职业经理人的发展通道；企业应建立和完善职业经理人内外部监督约束机制，建立健全职业经理人契约化管理制度和内控管理制度，完善事前预警、事中监督、事后评价的动态监督体系，严格执行责任追究制度等。

2020 年，中国通用技术集团在职业经理人选聘、中长期激励机制等运用上取得了重要突破。在多家下属企业开展市场化选聘，面向社会公开招聘经理层成员，并对聘任人员实行任期制和契约化管理；有序推进职业经理人制度，对经理层成员中除需由集团委派的职位外，开展职业经理人选聘和管理。

（1）2020 年 2 月，中国通用技术集团下属三级子公司：中国能源工程股份有限公司（以下简称“中国能源工程公司”），面向中国通用技术集团系统内外市场化选聘中国能源工程公司副总经理，主要职责是负责分管业务的市场开发及项目管理，组织各项日常工作的开展，达成年度经营目标和管理目标；参与公司管理改善，参与重大项目、业务、人事、财务问题决策等。中国能源工程公司按照资格审查、能力测试、面试、组织考察（背景调查）、公示等程序组织开展选聘工作。

随后，中国能源工程公司按照“市场化选聘、合同化管理、契约化考核、差异化薪酬、市场化退出”原则，董事会与聘任人选签订劳动合同、聘任合同，并按照班子分工签订年度、任期绩效合同。聘任人员任期三年，劳动合同期限与聘任合同一致。在薪酬方面，中国能源工程公司根据承担任务确定聘任人选的薪酬，薪酬总水平与同行业、同规模、同职位、同业绩的市场薪酬对标。

（2）2020 年 4 月，中国通用技术集团下属三级子公司：北京中仪万诺科技有限公司（以下简称“中仪万诺公司”），面向集团系统和社会选聘中仪万诺公司副总经理 2 人、总经理助理 1 人。任职基本条件包括：具有较高的政治素质；具有创新意识，勇于变革、开拓进取，市场感觉敏锐，善于捕捉商机、把控风险；具有较强的管理能力，善于把握市场经济规律和企业发展规律，熟悉宏观经济形势和国家政策法规；责任心强，勇于担当；注重团结协作，善于组织协调，能够调动各方面积极性、主动性和创造性；坚持原则、作风正派、廉洁自律、具有良好的职业操守和个人品行等。任职资格条件包括：具有国内外正规高等院校大学本科及以上文化程度；熟悉医疗器械领域的法律法规，具备岗位所需的管理能力，具有丰富的医疗器械业务市场开拓经验和市场资源；具有较强的组织协调、沟通能力，具有较强的文字水平；具有良好的心理素质和能够正常履职的身体素质；原则上副总经理年龄不超过45周岁，具有8年以上相关工作经历，或具有与招聘职位同层级3年以上工作经验；总经理助理年龄不超过40周岁，具有5年以上相关工作经历，或具有与招聘职位同层级2年以上工作经验等。中仪万诺公司按照笔试、面试、组织考察（背景调查）、公示等程序组织开展选聘工作。

（3）2020年6月，中国通用技术集团下属二级子公司：中国轻工业品进出口集团有限公司（以下简称“中国轻工业品进出口集团”），根据发展需要，面向社会公开选聘副总经理2人（一个负责浆纸、农产品板块业务开发及模式创新，另一个负责资产运营、风险管理及信息化建设）。聘任人员纳入中国通用技术集团党组管理干部范畴。中国轻工业品进出口集团对聘任人员实行任期制和契约化管理，与聘任人员签订劳动合同、聘任合同和绩效合同。在薪酬方面，中国轻工业品进出口集团按照薪酬水平与岗位职责、个人业绩相匹配原则，对聘任人员实行市场化薪酬分配与激励机制，对聘任人员开展任期综合考核评价，考核结果未达到目标要求的，予以罚薪或解聘。

同月，中国通用技术集团下属公司：中国医药健康产业股份有限公司（以下简称“中国医药公司”），也面向社会公开招聘副总经理2名，分别分管国际贸易和战略投资工作。分管国际贸易工作副总经理的任职资格要求包括：具有10年以上医药贸易相关工作经历，具有在大型医药企业或医药贸易企业担任分管贸易业务高级管理职务2年以上工作经历或上述企业医药贸易业务部门正职3年以上工作经历，具有大学本科及以上学历，原则上年龄不超过50周岁，具有正常履职的身体条件和健康的心理素质等。分管战略投资工作副总经理的任职资格要求包括：具有10年以上医药或投资并购工作经历，具有在大型医药企业或投资机构担任医药投资业务高级管理职务2年以上工作经历或上述企业医药投资类部门正职3年以上工作经历，具有大学本科及以上学历，原则上年龄不超过50周岁，具有正常履职的身体条件和健康的心理素质等。中国医药公司对聘用人员采取任期制和契约化管理方式，与聘用人员签订劳动合同、聘任合同和绩效合同等，并作为集团党组管理干部。

（4）2020年7月，中国通用技术集团下属二级子公司：中纺院中纺标检验认证股份有限公司（以下简称“中纺标”），为了进一步提升公司治理能力，完善企业现代化管理机制，充分发挥资本市场机制，中纺标面向社会公开招聘职业经理人，具体岗位是：总经理1名、副总经理3名（分管检验、市场、科技及安全）。任职基本条件包括：具有良好的政治素质，具有强烈的创新意识，具有较强的治企能力，具有正确的业绩观，具有良好的职业操守等。总经理任职资格条件包括：中共党员，具有累计10年及以上企业管理工作经验，并具有企业主要负责人3年以上工作经历；原则上年龄不超过50周岁；具有大学本科及以上学历；具有正常履职的身体素质和健康心理素质；在纺织检测行业中，企业管理经验丰富，业务能力突出等。副总经理任职资格条件包括：具有累计10年及以上企业管理工作经验；原则上年龄不超过45周岁；具有大学本科及以上学历；具有正常履职的身体条件和健康的心理素质；在纺织检测行业中，企业管理经验丰富，业务能力突出等。中纺标以职业经理人方式对聘任人员进行管理，并与聘任人员签订劳动合同、聘任合同和绩效合同等。

（5）2020年9月，中国通用技术集团下属三级子公司：中国车辆进出口有限公司（以下简称“中国车辆公司”），面向社会市场化选聘副总经理。任职资格条件包括：具有良好政治素质；拥有8年以上主机厂工作经验，至少3年以上区域汽车销售管理经验；有较强的品牌汽车供应链综合管理能力；对汽车行业市场有深入理解，具有扎实的汽车专业知识，具有广泛的行业人脉资源，可快速组建团队；具备一定金融财务和法律知识，熟悉信息化系统；有较强的沟通表达能力，思维敏捷；有敏锐的市场分析及判断能力，强烈的客户服务意识；有良好的团队协作精神和团队管理能力；有责任心，善于挑战，能承受较大的工作压力；大学本科以上学历，年龄原则上不超过45岁等。中国车辆公司按照资格审查、能力测试、面试、组织考察（背景调查）、公示等程序组织开展选聘工作，对聘任人员实行职业经理人制度，与聘任人选签订劳动合同、聘任合同，并按班子分工签订年度、任期绩效合同等。聘任人员任期三年，劳动合同期限与聘任合同一致。

二、地方国有企业职业经理人制度建设有关实践

（一）三门峡戴卡轮毂制造有限公司市场化选聘职业经理人实践

三门峡戴卡轮毂制造有限公司（以下简称“三门峡戴卡”）成立于2004年，前身是三门峡天元铝业集团分厂（1997年成立，国内最早铝合金轮毂厂之一），经挂牌转让，2004年由香港创通集团和中信戴卡收购成立，性质为台港澳合资企业，设计产能为300万只/年，运营模式是中信戴卡代工企业。2011年河南能源化工集团有限公司（以下简称“河南能源集团”）对其重组。三门峡戴卡拥有世界一流铝轮毂生产线和检测设备，具有行业领先的技术水平，是我国汽车轮毂制造行业中规模较大、设备先进、技术领先、品种齐全的生产企业之一。

根据国务院国有企业改革领导小组办公室《“双百企业”推行经理层成员任期制和契约化管理操作指引》《“双百企业”推行职业经理人制度操作指引》（以下简称“两

个操作指引”）及河南能源集团有关规定，为进一步健全现代企业制度，推动公司完善市场化经营机制，畅通现有经营管理者与职业经理人身份转化通道，建立内部培养和外部引进相结合的职业经理人管理机制，建立“责权明晰、奖惩分明、特点突出、流动有序”的职业经理人管理模式，三门峡戴卡按照“市场化竞聘、契约化管理、差异化薪酬、市场化退出”原则，开展经理层职业经理人选聘和管理工作。

2020 年 9 月 25 日至 26 日，三门峡戴卡在河南能源集团总部组织开展了生产副总、采购副总、行政副总、总工程师、财务总监共 5 个岗位的市场化选聘职业经理人工作，这意味着公司经理层成员基本实现了“市场化选聘、契约化管理、差异化薪酬、市场化退出”。在经理层副职选聘之前的同年 9 月 11 日至 12 日，三门峡戴卡首先组织了总经理岗位的职业经理人市场化选聘工作。为确保新聘任的总经理能够参与其他经理层的选聘工作，公司董事会和河南能源集团根据笔试、面试和心理测验报告结果等综合研判，迅速研究确定组织考察人选，紧锣密鼓地开展总经理候选人的组织考察，并做出聘任决定。接着集团部分领导、公司董事长、公司新聘任的总经理及国务院国资委所属职业经理研究中心相关专家作为面试考官，共同参与其他经理层成员的市场化选聘工作。

此次市场化选聘职业经理人工作，三门峡戴卡一方面通过多种渠道面向全国发布选聘公告，以吸引更多优秀的职业经理人应聘；另一方面，鼓励符合条件的内部人员积极参与和报名。企业原经理层成员全部放弃原有干部身份，重新参与市场化选聘。在整个市场化选聘的过程中，三门峡戴卡始终坚持科学合理、公开、公平、公正、竞争择优的原则，为每位参加选聘的人员提供同等竞争机会，变“相马”为“赛马”，通过“赛马”机制选拔出真正符合公司要求的优秀人才。

三门峡戴卡职业经理人市场化选聘工作的顺利实施得益于以下几个方面。

一是集团的支持是前提。三门峡戴卡作为集团唯一一家“双百企业”，为加快推动公司改革，集团专门研究制订了公司的权力清单、责任清单、负面清单及董事会权责清单，加大授权放权力度，给予企业更大的改革自主权。三门峡戴卡非常珍惜“双百企业”改革的机遇，充分利用“双百企业”改革的契机，力争取得突出的成效。

二是干部员工思想转变是先导。2019 年以来，三门峡戴卡在新一届党委班子的带领下，深入学习深化国企改革的各类政策和制度文件，深刻领会国企改革的内在要求，公司领导多次在不同场合谈改革、讲改革、说改革，通过“看天、看地、看锅、看碗”4 个形象的比喻，对所面临的国际、国内、行业、企业形势进行了科学研判和全面分析，让全体员工意识到改革的必要性及迫切性，总结提炼出“（2 + 3 + 4 + 123456）× X = 二次创业”改革方程式、“四个统一”及“三个有利于”的价值判断，号召全体干部员工转变思想，正确看待改革，支持拥护改革，参与推进改革，逐步使改革深入人心。

三是能力提升是基础。三门峡戴卡作为“双百企业”，为了能够接得住、用得好集团的授放权，一年来，不断健全和完善治理结构，逐步建立起各司其职、各负其责、权责清晰、协调运转的“三会一层”决策、运行、监督机制。创立二次创业人才培训班，引进外部专家开展全方位、多层次的培训；为中高层干部发放《玩的就是会计》《QBQ！问题背后的问题》等书籍；新冠肺炎疫情期间在生产任务不是太紧张的情况下组织中高层、管理骨干和基层员工充分利用线上培训资源进行学习充电。

四是领导改革的决心和魄力是关键。“三项制度”改革涉及企业各方面利益的调整和重新分配，必然会触动部分人的利益，一些领导干部担心改革会激发企业内部矛盾，出现不稳定局面，不愿也不敢触动现有利益格局。而三门峡戴卡新一届党委班子面对改革，丝毫不存在畏难情绪，敢于打破现有利益格局，勇于直面问题、自我革命，同时正确处理改革与稳定的关系，及时化解不稳定因素，确保改革进程稳中求进，这无疑对推进企业改革起着决定性的作用。

五是坚持党的领导是原则。在市场化选聘职业经理人过程中，集团党委会对三门峡戴卡推行职业经理人制度工作发挥了领导和把关作用，负责对相关工作方案，特别是在确定标准、规范程序、参与考察、推荐人选等方面把关。党委会同董事会制订了选聘的相关工作方案和管理制度并组织人选推荐、测试、考察等工作，集体研究并经集团党委会审定，会后向董事会提出选聘人选建议。确保了市场化选聘工作按照相应的标准和要求，以规范的程序组织开展，充分发挥了党组织把方向、管大局和保落实的领导作用。

六是精心谋划与组织是保障。2020 年 2 月，国务院国有企业改革领导小组办公室印发两个操作指引后，三门峡戴卡迅速组织班子成员研究学习，并在阳光律师事务所的辅导下，制订职业经理人制度工作方案，明确了选聘的岗位及其岗位职责、任职条件、三年任期绩效考核目标及考核方式、薪酬标准和退出条件等，经多次修改完善后报董事会及集团履行决策审批程序。三门峡戴卡还成立了市场化选聘工作领导小组，领导小组下设 6 个工作组，明确了各小组的职责分工，统筹推进市场化选聘工作。此外，三门峡戴卡委托国务院国资委所属职业经理人研究中心负责职业经理人选聘的考评命题及组织实施工作。结合企业的发展情况及选聘岗位的特征等因素，在对相关人员进行充分访谈调研的基础上，科学选择考评手段、制定了有针对性的笔试和面试试题。整个选聘流程既科学规范又公正高效，纪委全程监督。

国有企业改革关键在管理层，成败也在管理层，改革首先要从管理层做起，只有加快形成“市场化选聘、契约化管理、差异化薪酬、市场化退出”的选人用人机制，强化管理层的市场意识、竞争意识和危机意识，才有可能造就一支敢担当善作为的管理队伍，企业才能迸发出无限的活力。2020 年 11 月 17 日，新的职业经理人到任后，迅速转变思想，找准定位，厘清思路，根据任期目标、年度目标，把握重点，各司其职，协同配合，充分发挥领头羊作用，主要经营指标明显改善。

2021 年 1－6 月，轮毂产量为 222.43 万只，同比增长 88.37%；销量为 213.95 万只，同比增长 77.73%；人均营业收入为 59.80 万元，同比增长 225.23%；职工平均收入也大幅增加。“三项制度”改革取得实质性突破，实现了三个“100%”：职业经理人 100% 实现市场化选聘；中层干部 100% 实现竞聘上岗；职能部室人员 100% 实现双向选择。结合本地区、行业对标情况，制订岗位职级制度和薪酬管理办法。以岗位价值为依据，结合岗位所需的能力、素质和重要度，按照正态分布的原则，合理确定各岗位的薪酬水平，彻底打破平均主义和“大锅饭”，逐步建立内具公平性、外具竞争力的薪酬分配体系。在外部专家指导下，建立从绩效管理、实施、评分、数据管理、到面谈等一套科学的绩效管理体系。新的绩效考核办法实施以来，从经理层到部门负责人、再到员工个人都有着清晰的绩效目标，干部职工精神面貌焕然一新、主动作为、共同围绕公司的总目标发力，真正由“要我干”向“我要干”转变。三门峡戴卡正朝着治理结构科学完善、经营机制灵活高效、党的领导坚强有力、竞争力全面提升的方向发展。

（二）山东省鲁信投资控股集团有限公司职业经理人试点工作实践

山东省鲁信投资控股集团有限公司初创于 1987 年，2001 年在原山东省国际信托投资公司、原山东省高新技术投资公司等基础上组建成立山东省鲁信投资控股有限公司。2005 年为适应集团化发展需要，更名为山东省鲁信投资控股集团有限公司（以下简称“鲁信集团”），成为山东省重要的投融资主体和资产管理平台。2015 年改建为国有资本投资公司后，认真贯彻省委、省政府战略意图，引导带动全省经济转型发展、创新发展，以金融投资和资产管理为主，兼顾基础设施和战略性新兴产业投资运营，拥有山东省国际信托股份有限公司等 10 家权属公司，致力于打造项目融资和投资理财综合解决方案提供商。鲁信集团不断提升研发创新能力和资产管理能力，积极致力于推动产业转型升级，服务经济社会发展，取得良好的经济效益和社会效益。

2018 年 12 月，鲁信集团被中共山东省委组织部、山东省国资委等部门确定为规范公司经理层成员契约化管理、建立职业经理人制度试点单位之一。为进一步健全完善公司治理结构，推动职业经理人制度建设，打造一支高素质、专业化的经营管理团队，满足高质量发展需要，2019 年 12 月，鲁信集团面向社会公开招聘集团公司总经理 1 名（全面负责公司经营管理工作）、副总经理 5 名（其中包括：分管金融类业务的副总经理 2 名、分管投资类业务的副总经理 2 名、分管产业类业务的副总经理 1 名）。

选聘主要条件包括：具有良好的政治素质、专业素养，品行端正，具有良好的团队协作精神；熟悉现代企业经营管理，具备履行岗位职责所需的专业知识，对金融投资与管理、创业投资与产业运营发展趋势、行业政策有深刻了解，具有较强的战略决策能力、组织协调能力、改革创新能力、市场应变能力和推动落实能力，取得市场和行业认可的突出业绩；具有国内外大型金融、投资、产业集团 3 年以上中高层管理岗位任职经历。竞聘总经理职位的，须有上述企业集团 3 年以上高层管理岗位任职经历；年龄不超过 55 周岁（女性不超过 50 周岁）；具有全日制大学本科以上文化程度（第一学历）等。

鲁信集团坚持“公开、平等、竞争、择优”的原则，采取公开选聘的方式，面向社会选聘符合条件的职业经理人。在“市场化选聘、契约化管理、差异化薪酬、市场化退出”的基本原则下，经过自愿报名、资格审查、竞聘面试、考察和背景调查、任前公示、体检等一系列程序后，有 3 名职业经理人脱颖而出。

2020 年 4 月 9 日，鲁信集团举行职业经理人聘任仪式，曾在集团内多家下属公司担任过总经理和董事长职务的一名人选，被鲁信集团聘为新任总经理。两位同样拥有丰富的金融、投资领域从业经验的职业经理人被鲁信集团聘为副总经理。这些职业经理人专业能力突出，分别担任过国内大型保险、基金公司的投资部门负责人，在国际投资领域积累了丰富的实操经验与前瞻眼光，具有年轻化、知识化、专业化和市场化特色，符合鲁信集团高质量发展的需要。

聘任仪式上，鲁信集团党委书记、董事长与新任经理层成员签署聘任协议并颁发聘书，与总经理签订年度业绩合同。业绩合同既包括利润总额、净资产收益率、重点工作等经营发展指标要求，又包括党风廉政建设、安全生产、信访稳定等一票否决因素，推动职业经理人担当尽责。这份业绩合同是职业经理人向鲁信集团作出的郑重承诺，是“责任书”和“军令状”，总经理表示，将做实做优“提升经营指标”“聚焦主责主业”“强化风险管控”三张报表，在鲁信集团党委、董事会坚强领导下，与广大员工团结协作，真抓实干，奋力作为，共同开创集团高质量发展新篇章。

为将“市场化选聘、契约化管理、差异化薪酬、市场化退出”的基本原则真正落实到位，鲁信集团借助知名咨询公司、猎头机构等外部力量，广泛收集权威数据，合理确定职业经理人薪酬水平。结合鲁信集团发展实际，鲁信集团制订了“一个办法，两个细则”，即《职业经理人管理暂行办法》《绩效考核实施细则》和《薪酬管理实施细则》，以及“一个协议，两个合同”，即《聘任协议》《劳动合同》和《业绩合同》。与此同时，鲁信集团坚持把强化党的全面领导与确保经理层充分履职密切结合起来，着力健全和落实职业经理人相关配套措施，加强日常管理，为职业经理人切实履行岗位职责创造更加有利的工作环境和制度保障。

聘任新任经理层成员标志着职业经理人制度正式在鲁信集团落地实施。但是，开展职业经理人试点工作是一项长期工作，企业需要持之以恒种好国企职业经理人市场化改革的“试验田”，释放体制机制改革红利；需要凝心聚力支持改革，形成推动企业发展强大合力；而职业经理人则要担当尽责，展现新作为、树立新形象，努力交出一份合格答卷。

鲁信集团开展职业经理人试点工作是着眼于深化国企改革和创新体制机制建设作出的重要举措之一，是着力激发国有企业发展活力的关键招数之一。鲁信集团聘任职业经理人，在如今这个专业化时代，是非常必要且重要的一步。市场对于企业专业化程度要求越来越高，就必须拥有专业化管理人才这个稀缺资源，并从多个维度尊重职业经理人，给予其充分的发挥空间，为企业高质量发展服务。

（三）山东重工集团有限公司职业经理人工作试点实践

山东重工集团有限公司（以下简称“山东重工”）是中国综合实力领先、具有重要国际影响力的汽车与装备制造集团。总部位于山东济南，全球员工有9万多人。业务涵盖动力系统、智能物流、汽车、工程机械、豪华游艇、金融服务等六大板块。旗下拥有潍柴动力（H+A）、潍柴重机、山推股份、中通客车、亚星客车、德国凯傲集团等多家上市公司。

山东重工是山东省管企业中第一家实施职业经理人改革试点的单位。2019年7月，为完善公司治理结构，深化选人用人机制改革，推进职业经理人制度建设，构建一支市场化、职业化、专业化的高级经营管理人才队伍，山东重工按照市场化的原则，面向社会公开招聘集团总经理、副总经理或业务总监。

选聘范围包括：一是企业内部范围，现经理层成员、集团总部中层正职、权属公司高管人员以及主要权属公司中层正职以上人员；二是社会招聘范围，面向全球职业经理人。

选聘岗位有：总经理1名，全面负责公司的经营管理工作；副总经理5名，分别负责内控与综合管理、新旧动能转换项目建设、集中采购等业务，运营与风险管控等业务，投资与法务管理、改革改制等业务，国际合作与管理、推进氢燃料电池项目建设等业务，战略管理、产品规划和业务协同等业务。

选聘基本条件包括：原则上年龄在55周岁以下；全日制本科及以上学历（第一学历）；有世界500强或相关行业前50强等大型集团公司工作经验；至少5年同等岗位管理经验；熟练掌握一门外语，能够流利地进行工作沟通、交流；熟悉装备制造业；具有良好的沟通能力、强烈的使命感和责任心等。

总经理任职条件包括：具有15年以上行业经验，5年以上大中型企业或集团、下属企业高层管理经验，良好的行业、政府公关资源；具有工商管理知识，熟悉国内外行业发展情况，熟悉集团业务及运营管理流程，了解国内外相关法律法规和政策，通晓一门外语；具有全球视野，具备战略思维及前瞻能力；心胸开阔，团队领导和团队合作能力强；激情奉献，具有高度的工作责任心和主动性；具有较强的判断和决策能力；具有较强的人际理解力和沟通协调能力；具有较强的学习、应变能力等。

副总经理任职条件包括：具有10年以上行业经验，5年以上大中型企业或集团、下属企业高层管理经验，良好的行业、政府公关资源；具有工商管理知识，熟悉国内外行业发展情况，熟悉集团业务及运营管理流程，了解国内外相关法律法规和政策，通晓一门外语；心胸开阔，团队领导和团队合作能力强；激情奉献，高度的工作责任心和主动性；具有较强的判断和决策能力；具有较强的人际理解力和沟通协调能力；具有较强的学习、应变能力；岗位要求的其他能力及素质等。此外，负责运营与风险管控等业务的副总经理还须具有CPA（注册会计师）资格和大型制造业财务管理经验等。

为了做好职业经理人选聘工作，山东重工成立以党委书记为组长的竞聘领导小组，全面负责职业经理人竞聘工作。选聘流程主要包括资格审核、笔试、面试、审批聘用等。在报名参加山东重工职业经理人改革的竞聘人员中，包含有世界五百强企业中国区总裁级别的人选，这从侧面反映出山东重工在国际上的知名度和吸引力。鉴于山东重工是国际化企业集团，所选拔的职业经理人是国际化人才。因此，参聘人员一律使用英语演讲，且事先测试是否具有流畅的英语沟通能力。山东重工通过采用全球公开招聘、全员英语面试、全程公开透明等选聘方式，加大了竞争性选拔力度，保持了领导干部队伍激情，充分激发经理层活力。山东重工还充分发挥考核指挥棒作用，持续优化以业绩、能力、价值观认同和战略导向为核心的考评体系。坚持差异化原则，建立健全薪酬分配机制，按照价值导向、创新导向的理念，合理拉开收入差距，并设置常态化创新奖励机制。

山东重工通过面向全球选聘引入职业经理人，并对其实行契约化管理，使得山东重工从“上”的环节就打通“下”的通道。全面深化选人用人机制改革，探索建立职业经理人制度，创新完善职业经理人选聘机制、激励机制和市场化考核约束机制，着力培养一支高素质、高能力、高水平的职业经理人队伍，为山东重工高质量、可持续发展提供有力保障，也为山东重工进一步深化三项制度改革打下良好的基础。

2020 年，山东重工全力推进权属公司实施任期制和契约化管理及职业经理人试点工作，明确工作时间表、路线图，构建了独具特色的“特别奖励 + 一票否决”激励体系，形成了“1 + N”配套机制，明确了任期期限、绩效与薪酬管理、退出约束、责任追溯等条款。截至 2020 年底，山东重工 29 户企业、143 位经理层成员实施任期制和契约化管理及职业经理人试点。通过优化“能者上、庸者下、劣者汰”的选人用人机制，山东重工已形成“管理人员能上能下、员工能进能出、收入能增能减”的常态化管理机制，在企业内部和社会上都取得积极的反响，为山东重工高质量快速发展提供了内生动力。

市场篇

本篇主要围绕人才市场高级管理人员供需状况和上市公司高级管理人员薪酬和股权激励进行研究与分析。通过研究企业高级管理人员的供需、薪酬及其股权激励等有关情况和问题，为职业经理人队伍建设和制度建设等工作提供参考。

第五章　基于人才市场的高级管理人员供需情况研究

本章以研究2020年高级管理人员（以下简称“高管”）人才市场的发展状况和近几年来高级管理人才市场的发展趋势为切入点，以猎聘人才与组织发展研究院提供的人才市场有关数据为基础，以总经理、副总经理及总监级别的企业高管及其相关招聘信息和应聘信息为研究对象，选取相应的研究样本，对企业高管的供给和需求的有关情况进行研究分析，以期为中国企业发展和职业经理人队伍建设等提供借鉴和参考。

本章研究样本包括2018—2020年用人企业的318051个涉及总经理、副总经理、总监等职位的招聘数据，以及424669个总经理、副总经理、总监等职位的求职人员数据。

本章研究的区域划分如下：东部地区（包括北京、天津、河北、山东、江苏、上海、浙江、福建、广东、海南）、中部地区（包括山西、河南、安徽、湖北、江西、湖南）、西部地区（包括四川、云南、贵州、西藏、重庆、陕西、甘肃、青海、新疆、宁夏、内蒙古、广西）、东北地区（包括黑龙江、吉林、辽宁）。

一、高管需求情况

（一）工作年限和学历层次

从企业对不同职位高管工作年限需求统计情况来看（如图5－1所示），招聘总经理、副总经理、总监职位高管的工作年限要求大都集中于5～10年，他们在总经理、副总经理、总监职位高管人数的分别占比为40.28%、38.73%和53.05%。从这点来看，企业对高管工作经验是非常看重的。一般来说，管理岗位尤其是高管的管理岗位的工作年限还是应该在5～10年。

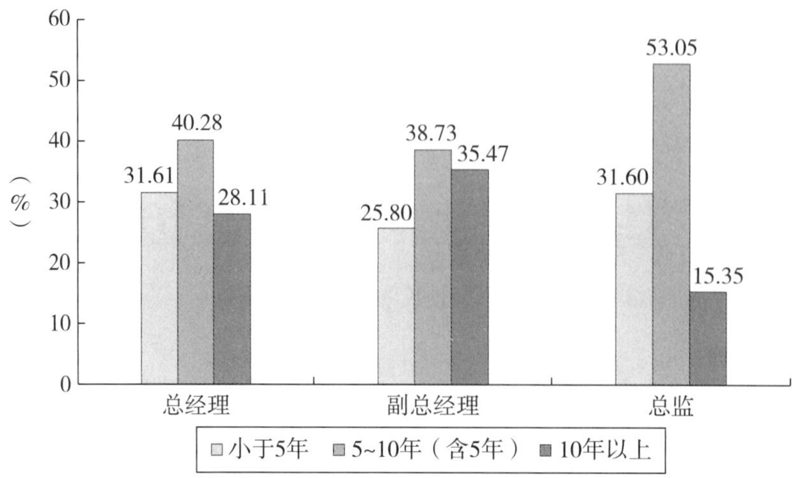

图 5－1　2020 年企业对不同职位高管工作年限要求

数据来源：猎聘人才与组织发展研究院。

从企业对不同职位高管的学历需求统计情况来看（如图 5－2 所示），招聘总经理、副总经理、总监职位高管的学历需求大都集中在本科及以上，也有部分企业招聘时对学历要求是大专及以上或学历不限。企业招聘高管时，对是否为硕士及以上学历或者是 MBA/EMBA 学历的要求占比并不高。这表明，大多数企业招聘高管时，还是以本科学历要求为主。另外也可以看到，学历仍然是企业招聘高管时的一个重要的考量因素。

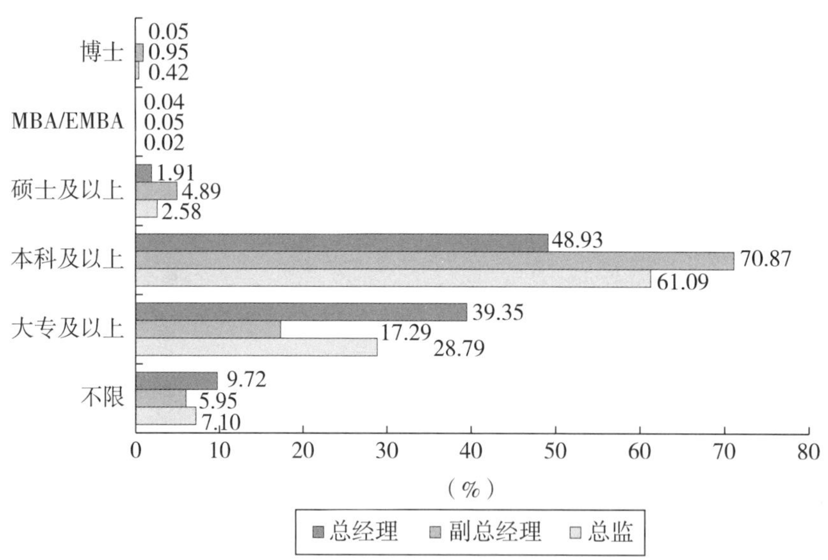

图 5－2　2020 年企业对不同职位高管学历层次要求

数据来源：猎聘人才与组织发展研究院。

(二) 地区分布

从对总经理、副总经理、总监高管职位的需求排在前十位的省和直辖市的统计情况来看（如图 5－3 所示），广东、北京、上海对高管需求占比较高。其中，广东对总经理、副总经理、总监职位的需求在全国范围内是最高的，对总经理、副总经理、总监职位需求占比分别为 14.55%、18.56%、21.11%。

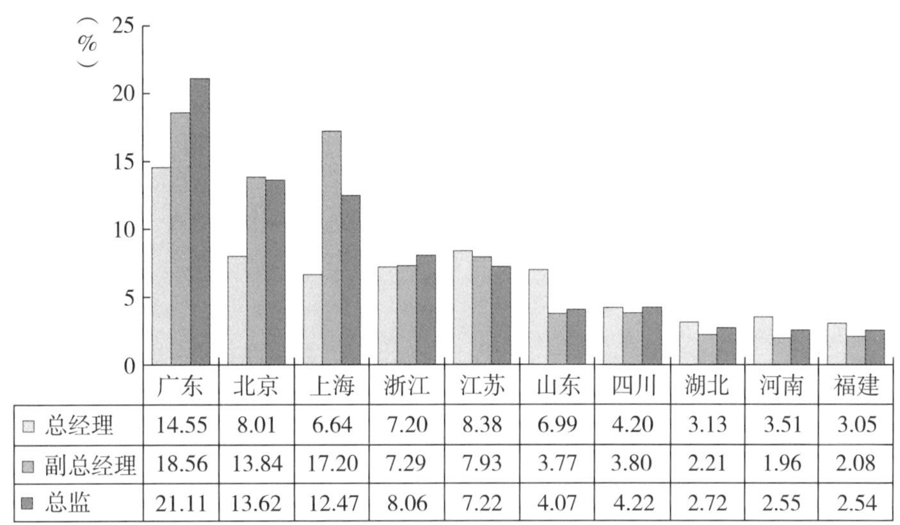

	广东	北京	上海	浙江	江苏	山东	四川	湖北	河南	福建
□ 总经理	14.55	8.01	6.64	7.20	8.38	6.99	4.20	3.13	3.51	3.05
■ 副总经理	18.56	13.84	17.20	7.29	7.93	3.77	3.80	2.21	1.96	2.08
■ 总监	21.11	13.62	12.47	8.06	7.22	4.07	4.22	2.72	2.55	2.54

图 5－3　2020 年高管需求排在前十位的省和直辖市的统计情况

数据来源：猎聘人才与组织发展研究院。

从不同区域对高管不同职位的需求统计情况来看（如图 5－4 所示），东部地区对总经理职位的需求占总体的 66.68%，中部地区对总经理职位的需求占总体的 13.40%，西部地区对总经理职位的需求占总体的 16.63%，东北地区的需求占总体的 3.29%。东部地区对副总经理职位的需求占总体的 72.89%，中部地区对副总经理职位的需求占总体的 11.59%，西部地区对副总经理职位的需求占总体的 13.23%，东北地区对副总经理职位的需求占总体的 2.29%。东部地区对总监职位的需求占总体的 76.09%，中部地区对总监职位的需求占总体的 10.06%，西部地区对总监职位的需求占总体的 11.76%，东北地区对总监职位的需求占总体的 2.09%。

此外，结合省和直辖市及区域来看，对高管需求排在前十位的省和直辖市中，东部地区占了 7 个，中部地区占了 2 个，西部地区占了 1 个，而东北地区 1 个也没有。

从以上统计结果来看，企业对高管需求的热点还是主要集中在广州、北京、上海等经济发展较好的省和直辖市，整个东部地区对高管的需求与其他地区相比较是最高的。

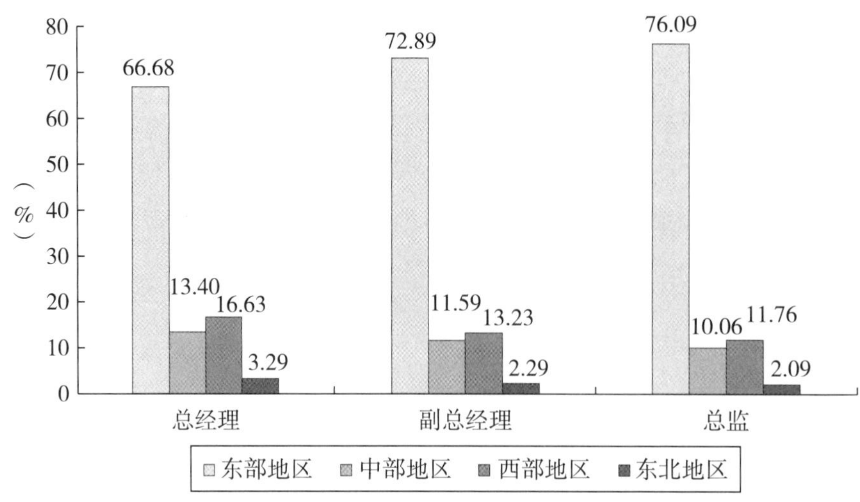

图 5－4　2020 年不同区域对高管不同职位需求统计情况

数据来源：猎聘人才与组织发展研究院。

（三）行业分布

从不同行业对总经理职位的需求统计情况来看（如图 5－5 所示），金融业对总经理需求在各行业的占比是最高的，为 31.51%；房地产业对总经理需求在各行业的占比位列第二，为 20.24%；排在第三位的是服务外包业，占比为 10.23%；排在第四位的是互联网业，占比为 10.13%；排在第五位的是消费品业，占比为 8.66%。从统计结果可以看到，属于热门行业的金融业和房地产业对总经理职位需求还是较高的，两个行业对总经理职位需求之和的占比超过了 50%。

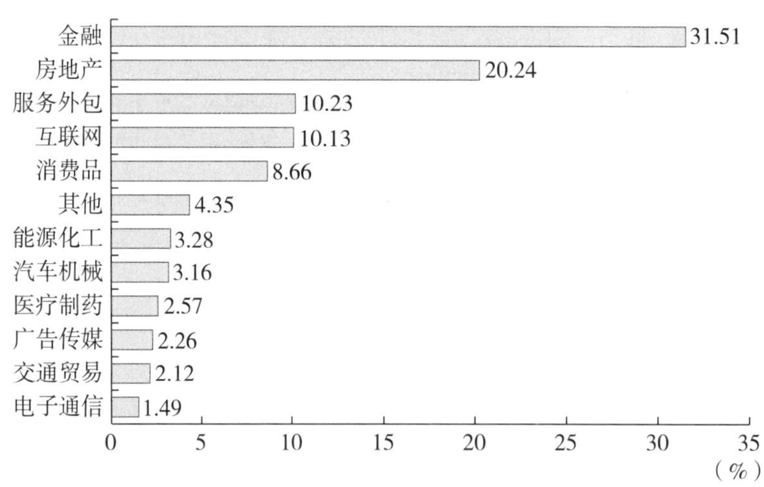

图 5－5　2020 年不同行业对总经理职位需求统计情况

数据来源：猎聘人才与组织发展研究院。

从不同行业对副总经理职位的需求统计情况来看（如图5－6所示），房地产业对副总经理需求在各行业的占比是最高的，占比为21.90%；互联网业对副总经理需求的占比位列第二，占比为15.29%；排在第三位的是服务外包业，占比为12.41%；排在第四位的是金融业，占比为11.61%。从统计结果可以看到，属于热门行业的房地产业和互联网业对副总经理需求的占比是比较高的。

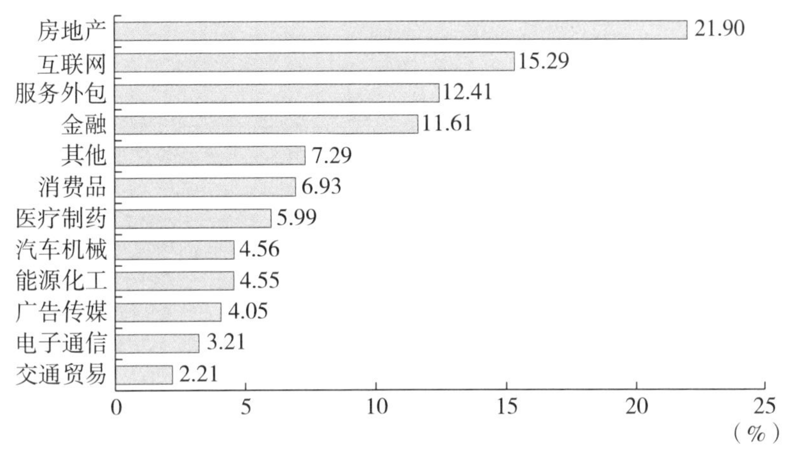

图5－6　2020年不同行业对副总经理职位需求统计情况

数据来源：猎聘人才与组织发展研究院。

从不同行业对总监职位的需求统计情况来看（如图5－7所示），互联网业对总监需求在各行业的占比是最高的，占比为23.25%；房地产业对总监需求在各行业的占比位列第二，占比为19.05%；排在第三位的是消费品业，占比为9.86%；排在第四位的是服务外包业，占比为9.30%。从统计结果可以看出，属于热门行业的房地产业和互联网业对总监职位需求还是相对较高的。

从以上统计结果分析来看，行业之间对高管需求的差异还是比较大的，行业对高管需求的热点主要集中在房地产、金融和互联网。

与2018年相比，2019—2020年不同行业对企业高管的需求增长（第二年需求与前一年需求比）情况来看（如图5－8所示），2019年企业对高管的需求数量与2018年相比，除能源化工行业，其他行业均有所有增加。其中，2019年需求数量增长最多的行业为服务外包业，需求数量增长率为1.86，比2018年增长了86%的需求；其次是消费品业和电子通信业，需求数量增长率都为1.54，比2018年增长了54%的需求；紧随其后的行业依次是互联网业、广告传媒业、房地产业、汽车机械业、医疗制药业、金融业、交通贸易业；而2019年能源化工业需求数量与2018年相比是略有下降的。

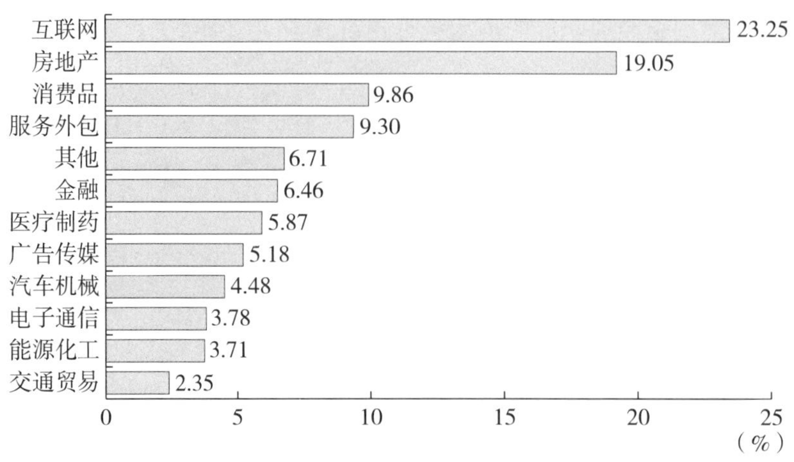

图 5－7　2020 年不同行业对总监职位需求统计情况

数据来源：猎聘人才与组织发展研究院。

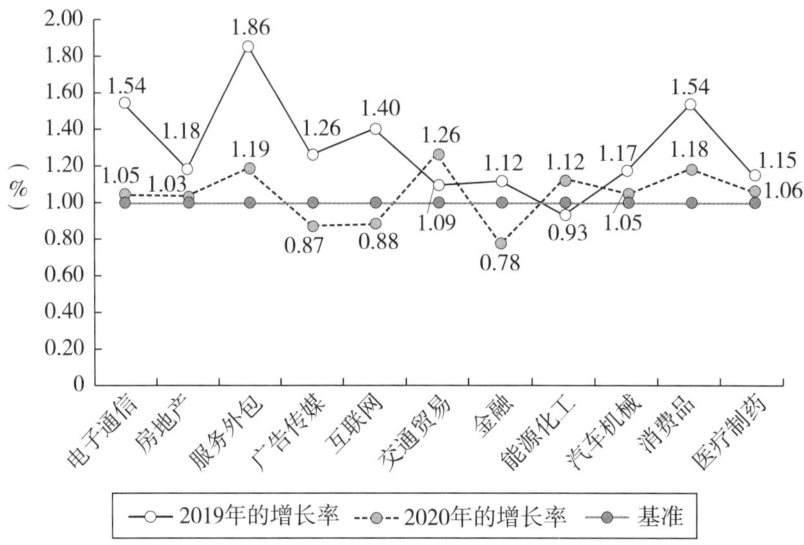

图 5－8　2019—2020 年不同行业对高管需求的增长情况

数据来源：猎聘人才与组织发展研究院。

2020 年需求数量增长最多的行业是交通贸易业，需求数量增长率为 1.26%，比 2019 年增长了 26% 的需求；其次是服务外包业，需求数量增长率为 1.19；紧随其后的行业依次是消费品业、能源化工业、医疗制药业、汽车机械业、电子通信业、房地产业；而 2020 年广告传媒业、互联网业、金融业和能源化工业对高管的需求数量与 2019 年相比是略有下降的。

从以上统计结果分析来看，2019—2020 年企业对高管需求量增长较快的行业是服务外包业、消费品业等；而属于传统强势行业的房地产业、金融业等对高管人才的需求量虽然大，但是2019—2020年增长速率并不很大，有的还略有下降。

（四）猎头公司对高管需求情况

1. 按行业分析

从猎头公司对不同行业高管需求统计情况来看（如图5－9所示），房地产业对高管的需求量与其他行业相比是最高的，其次是互联网业，第三是消费品业。

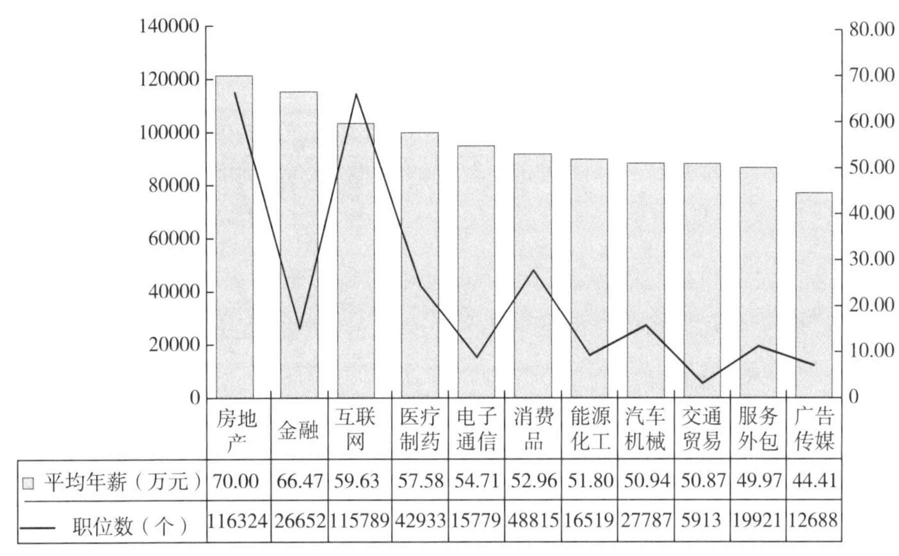

	房地产	金融	互联网	医疗制药	电子通信	消费品	能源化工	汽车机械	交通贸易	服务外包	广告传媒
平均年薪（万元）	70.00	66.47	59.63	57.58	54.71	52.96	51.80	50.94	50.87	49.97	44.41
职位数（个）	116324	26652	115789	42933	15779	48815	16519	27787	5913	19921	12688

图5－9　2020年猎头公司对不同行业高管需求和薪酬水平统计情况

数据来源：猎聘人才与组织发展研究院。

从猎头公司发布的不同行业高管薪酬水平统计情况来看（如图5－9所示），猎头公司发布的房地产业高管职位的平均年薪与其他行业相比是最高的，平均年薪为70万元；排在第二位的是金融业，高管职位的平均年薪为66.47万元；紧随其后的是互联网业、医疗制药业、电子通信业、消费品业、能源化工业、汽车机械业、交通贸易业，高管职位平均年薪在50万元～60万元；服务外包业和广告传媒业的高管职位平均年薪低于50万元。各行业高管职位薪酬水平存在较为明显的差异。

2. 按区域分析

从猎头公司对东部地区不同省和直辖市的高管职位需求的统计结果来看（如图5－10所示），北京、广东、上海是东部地区猎头公司对高管的需求最大的三个省和直辖市，2020年猎头公司在北京、广东和上海的新发职位数都超过70000个。

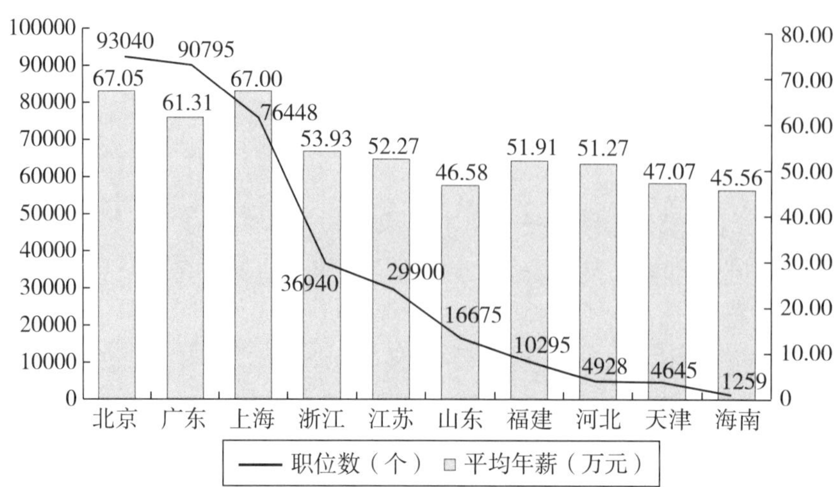

图5－10　2020 年猎头公司对东部地区不同省和直辖市高管需求和薪酬水平统计情况

数据来源：猎聘人才与组织发展研究院。

从猎头公司发布的东部地区不同省和直辖市的高管薪酬水平统计情况来看（如图5－10所示），猎头公司发布的高管薪酬水平东部地区最高的是北京，平均年薪是67.05万元；紧随其后依次是上海（67 万元）、广东（61.31 万元），这三个地方猎头公司发布的高管职位平均年薪都在60 万元以上；其次是浙江（53.93 万元）、江苏（52.27 万元）、福建（51.91 万元）、河北（51.27 万元），这四个地方猎头公司发布的高管职位平均年薪都在50 万元～60 万元；剩下三个地方是天津（47.07 万元）、山东（46.58 万元）、海南（45.56 万元）。

从猎头公司对中部地区不同省份高管职位需求的统计结果来看（如图 5－11 所示），河南、湖北、江西、湖南是中部地区猎头公司对高管需求比较大的四个地方，2020 年猎头公司在四个地方的新发职位数都超过 6000 个。

从猎头公司发布的中部地区不同省份高管薪酬水平统计情况来看（如图5－11所示），江西是中部地区高管平均薪酬水平最高的，平均年薪达 57.69 万元；紧随其后依次是河南（55.43 万元）、山西（52.64 万元）、湖北（50.08 万元），这四个地方猎头公司发布的高管职位平均年薪都在 50 万元～60 万元。其次是湖南（48.76 万元）、安徽（45.90 万元），这两个地方猎头公司发布的高管职位平均年薪在 40 万元～50 万元。

从猎头公司对西部地区高管职位需求的统计结果来看（如图 5－12 所示），四川是西部地区猎头公司对高管需求最大的省，2020 年猎头公司在四川新发高管职位数超过10000 个。

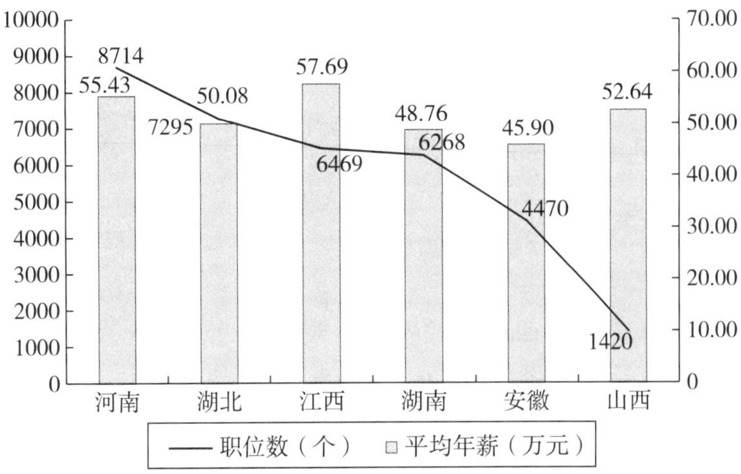

图5－11　2020年猎头公司对中部地区不同省份高管需求和薪酬水平统计情况

数据来源：猎聘人才与组织发展研究院。

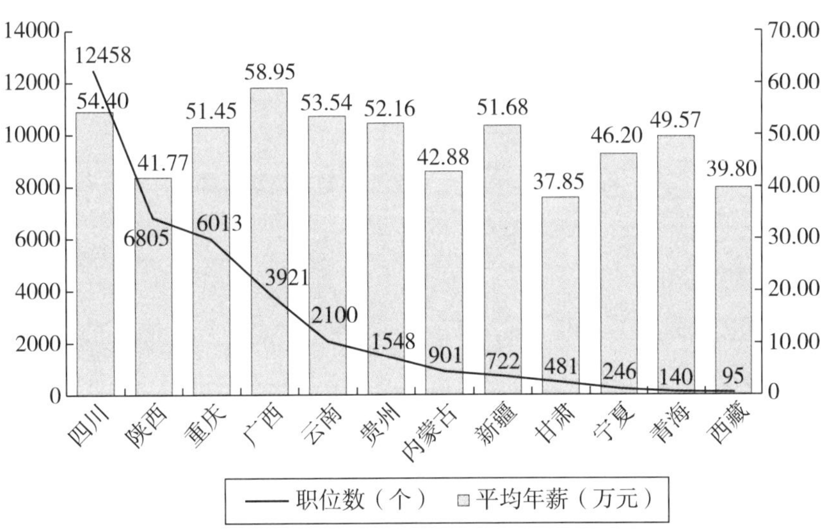

图5－12　2020年猎头公司对西部地区高管需求和薪酬水平统计情况

数据来源：猎聘人才与组织发展研究院。

从猎头公司发布的西部地区高管薪酬水平统计情况来看（如图5－12所示），广西是西部地区猎头公司发布高管职位平均年薪最高的，平均年薪是58.95万元；紧随其后依次是四川（54.40万元）、云南（53.54万元）、贵州（52.16万元）、新疆（51.68万元）、重庆（51.45万元），这六个地方猎头公司发布的高管职位平均年薪都在50万元～60万元；其次是青海（49.57万元）、宁夏（46.20万元）、内蒙古（42.88万元）、陕西（41.77万元），这四个地方猎头发布的高管职位平均年薪在40万元～50万元；剩下两个地方是西藏（39.80万元）、甘肃（37.85万元）。

从猎头公司对东北地区不同省份的高管职位需求及高管薪酬水平统计情况来看（如图5-13所示），辽宁是东北部地区猎头公司对高管需求最大的省，2020年在辽宁发布的高管职位数超过3000个。在东北部地区不同省份，猎头公司发布的高管职位的平均年薪水平均超过43万元。

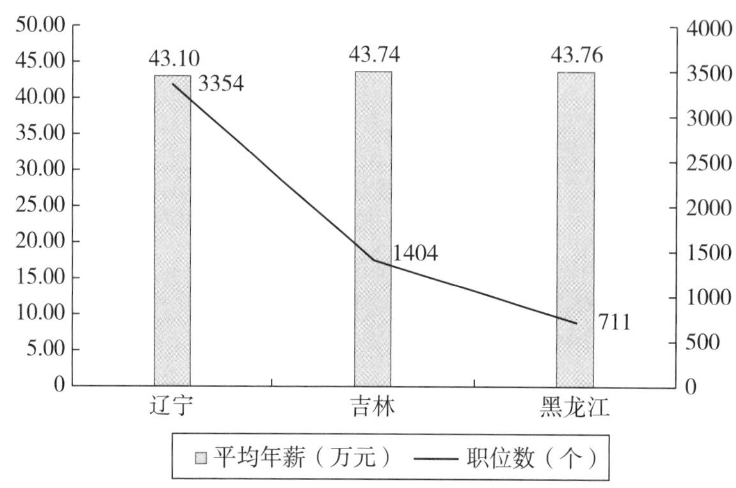

图5-13 2020年猎头公司对东北地区不同省份高管需求和薪酬水平统计
数据来源：猎聘人才与组织发展研究院。

3. 按企业性质分析

从猎头公司发布的对不同性质企业高管需求和薪酬水平统计情况来看（如图5-14

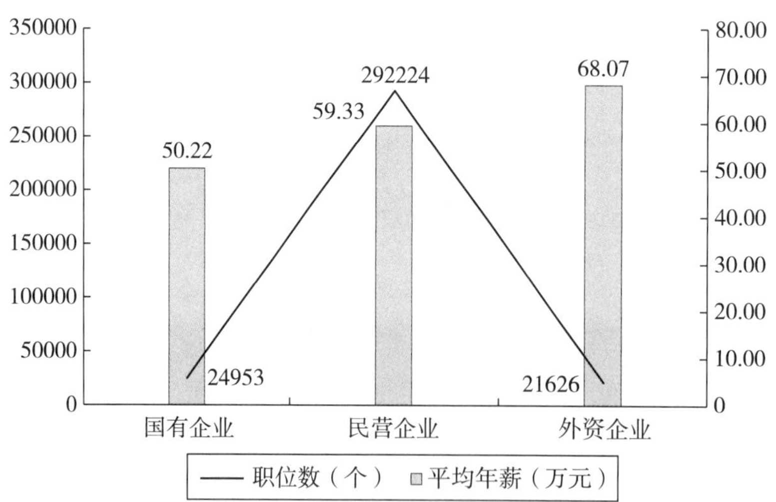

图5-14 2020年猎头公司对不同性质企业高管需求和薪酬水平统计
数据来源：猎聘人才与组织发展研究院。

所示），民营企业对高管的需求是最大的，2020 年猎头公司对民营企业新发高管职位数达 292224 个，是国有企业和外资企业的十倍以上。外资企业高管职位平均年薪与国有企业和民营企业相比是最高的，平均年薪为 68.07 万元；其次是民营企业，高管职位平均年薪为 59.33 万元；排在最后的是国有企业，高管职位平均年薪是 50.22 万元。

二、高管供给情况

（一）学历层次和年龄分布

从高管求职者的学历统计情况来看（如图 5－15 所示），总经理、副总经理和总监职位求职者的学历主要集中在大学本科，在总经理、副总经理和总监职位求职者中占比分别为 53.72%、54.52%、58.86%。求职者中具有硕士研究生学历的在总经理、副总经理和总监职位中占比分别为 23.34%、29.03%、20.97%。求职者中具有本科以下学历的在总经理、副总经理和总监职位中占比分别为 17.13%、10.67%、15.04%。求职者中具有博士研究生及以上的在总经理、副总经理和总监职位中占比分别为 1.09%、1.32%、0.81%。总体来看，高管求职者中的学历层次普遍较高，绝大多数求职者都具有大学本科以上学历，其中不乏硕士、博士及博士后。

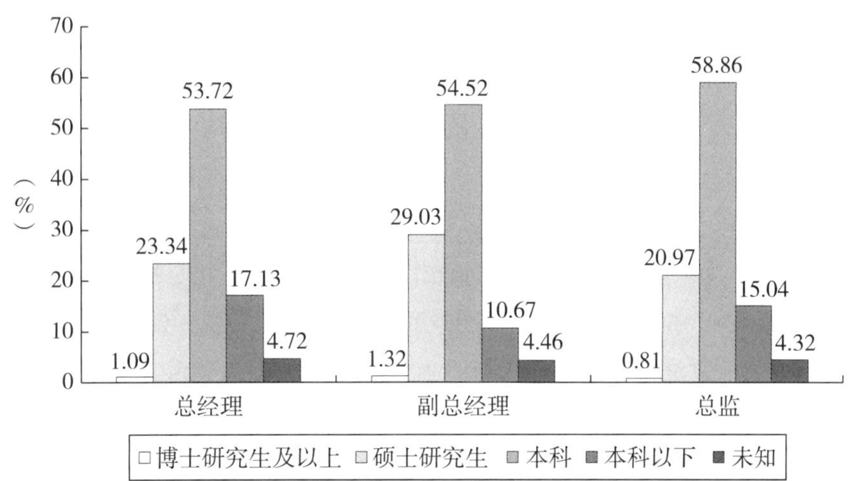

图 5－15　2020 年不同职位高管求职者学历情况

数据来源：猎聘人才与组织发展研究院。

从高管求职者的年龄统计情况来看（如图 5－16 所示），总经理和副总经理职位求职者的年龄主要集中在 35～39 岁，在总经理和副总经理职位求职者占比分别为

29.28%、29.11%。总监职位求职者的年龄主要集中在30~34岁，在总监职位求职者占比为30.80%。总体来看，30~39岁的求职者是总经理、副总经理和总监职位求职中的主力军。

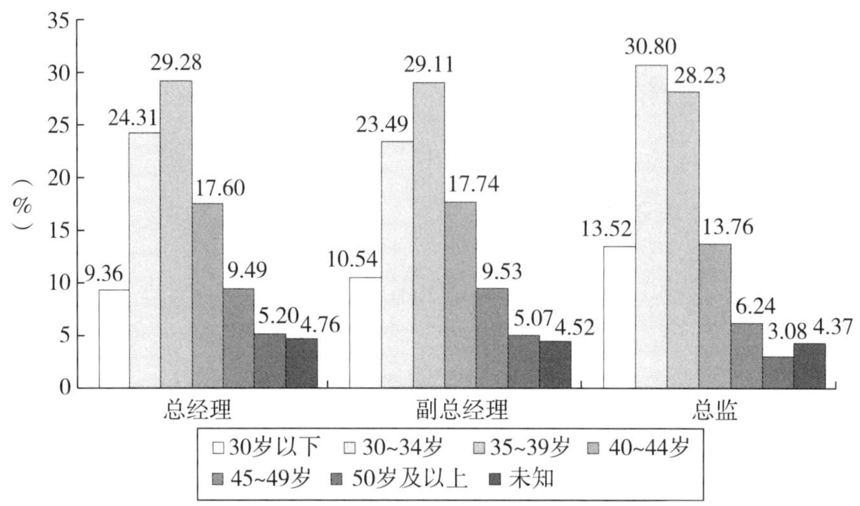

图5-16　2020年不同职位高管求职者年龄情况

数据来源：猎聘人才与组织发展研究院。

（二）高管求职热点区域

从全国高管求职的热点区域前十五名省和直辖市情况来看（如图5-17所示），高管求职最热点的三个省和直辖市是：上海，占全部高管求职者总数的比例为15.91%；广东，占全部高管求职者总数的比例为15.78%；北京，占全部高管求职者总数的比例为15.67%。

总的来看，高管求职的热点省和直辖市大致可分为以下几个梯队：第一梯队的省和直辖市是上海、广东、北京，这三个地方的高管求职总数占到全部求职者总数的47.36%。第二梯队是江苏和浙江，这两个地方的高管求职总数占到全部求职者总数的14.47%。第三梯队是四川、山东、湖北、重庆、河南、湖南、陕西、安徽、天津、福建，这些地方的高管求职总数的占比都不是很高，但相对于其他剩余地区的占比还是比较高的。

北京、上海、广东三个地区的经济都比较发达，从以上统计数据来看，上海、广东、北京也是高管求职意向的热点地区。江苏和浙江的商业经济活动是比较发达的，它们也是高管求职意向的热点地区。

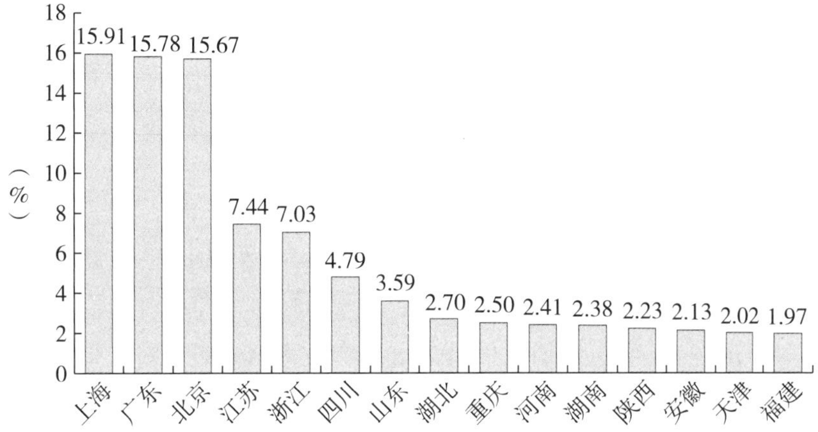

图 5－17　2020 年高管求职者省和直辖市地区分布情况

数据来源：猎聘人才与组织发展研究院。

（三）高管求职热点行业

从不同行业高管求职者的统计情况来看（如图 5－18 所示），房地产业对企业高管需求的占比是最高的，占全部高管求职者总数的比例为 18.95%；互联网业位列第二，占比为 14.18%；第三是金融业，占比为 12.86%；第四是消费品业，占比为 10.14%；第五是服务外包业，占比为 9.64%；第六是能源化工业，占比为 6.03%；第七是汽车机械业，占比为 5.94%。

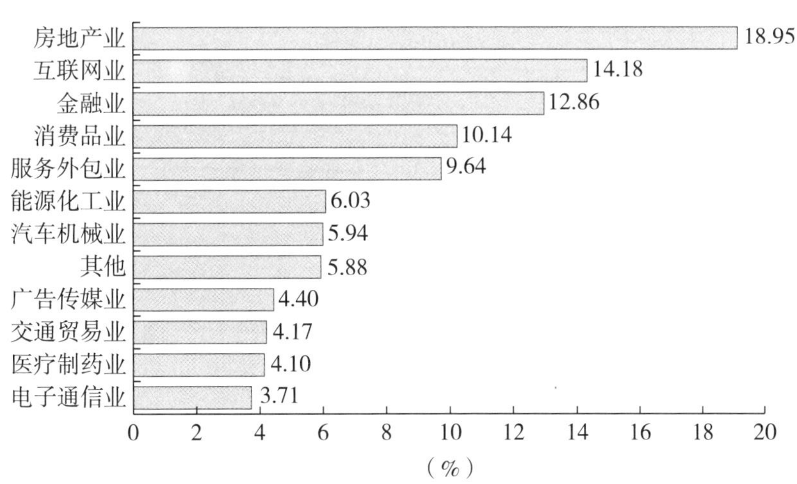

图 5－18　2020 年高管求职者行业分布

数据来源：猎聘人才与组织发展研究院。

从以上统计结果可以看出，属于热门行业的房地产业、互联网业、金融业对高管需求依然是排在最前面的。

三、高管供需比较

从不同性质企业高管的应聘投递数与企业招聘职位数对比率（供给需求比）来看（如图5－19所示），对于国有企业，在总经理、副总经理和总监职位上供给需求比分别为54.58、59.27、34.01，它们的供给需求比有较大的差距。对于外商独资/合资企业，在总经理、副总经理和总监职位上的供给需求比仅次于国有企业，总经理、副总经理和总监职位供给需求比分别为28.85、40.36、25.29。私营/民营企业在总经理、副总经理和总监职位上供给需求比相对较低，分别为7.85、15.01、5.03。

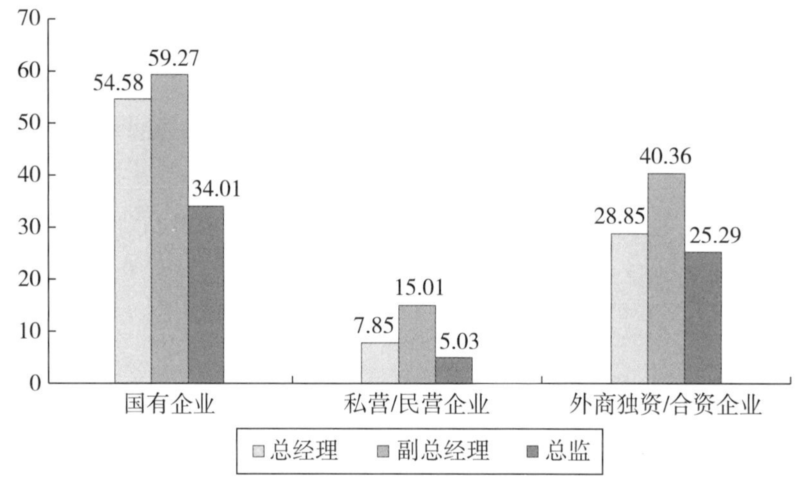

图5－19　2020年不同性质企业高管供给需求比

数据来源：猎聘人才与组织发展研究院。

总体来看，高管求职在国有企业、私营/民营企业、外商独资/合资企业中的热门程度呈现出很大差异。分析其原因可能有以下两个方面：一方面，国有企业高管招聘数量比较少，而应聘投递数量相对较多，导致供给需求比较大；另一方面，近些年来，国有企业的稳定性和平台优势越来越成为求职者看中的职业发展方向，尤其在2020年暴发新冠肺炎疫情以后，很多行业的企业举步维艰，更彰显出国有企业的优势，进而使国有企业更容易受到广大应聘者的青睐。

从不同行业高管的应聘投递量与企业招聘职位数比较（供给需求比）来看（如图5－20所示），交通贸易业、能源化工业、电子通信业、汽车机械业的供给需求比是比较高的，分别是26.40、25.32、24.78、24.18，而互联网业、房地产业、金融业的供给需求比反而很小。总体来看，不同行业高管求职的热门程度也呈现很大差异。出现这样的统计结果的原因，可能有两个方面：一方面，互联网业、房地产业、金融业的需求人数较多，所需岗位需求的基数比较大；另一方面，交通贸易业、能源化工业、电子通信业、汽车机械业为传统行业，需求职位不够多，反而成为供给需求比较高的行业。

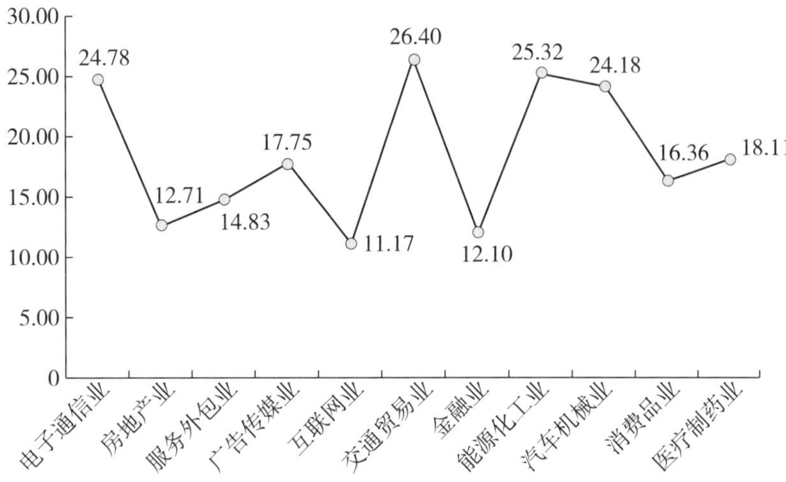

图5－20　2020年不同行业高管供给需求比

数据来源：猎聘人才与组织发展研究院。

从招聘量比较大的15个省和直辖市高管的应聘投递量与企业招聘职位数比较（供给需求比）统计结果来看（如图5－21所示），不同省和直辖市呈现很大差异。上海、

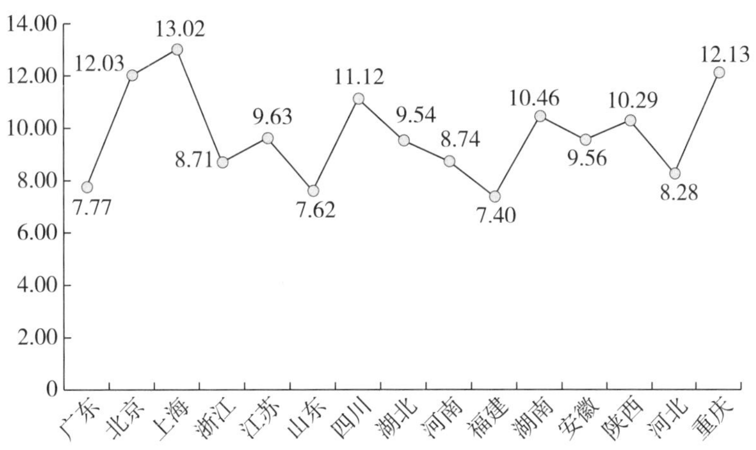

图5－21　2020年不同省和直辖市高管供给需求比

数据来源：猎聘人才与组织发展研究院。

重庆、北京的供给需求比是比较高的，分别是13.02、12.13、12.03；而广东、山东、福建的供给需求比却是很小的。这可能与这些地区的经济发展、产业布局、产业政策及人文教育等有关。

四、高管供需问题分析及建议

（一）问题分析

（1）学历和工作年限在一定程度上能够反映出个人的知识储备、能力水平和发展潜力等情况。尽管把学历和工作年限作为筛选人才的硬性指标并不十分科学合理，但是，目前确实是一种高效、实用的选人手段。人才市场对高管人员有学历和一定工作年限的要求，工作年限不足和学历不够的应聘者显然不能受到普遍接纳和认可。从以上对于高管的供需情况统计来看，大多数企业招聘高管时，还是以本科学历要求为主；并且，对于高管的工作年限也大都要求在5~10年。虽然有些企业没有对学历和工作年限提出明确要求，但并不意味着在实际招聘高管的过程中，这些企业不考虑高管的学历和工作年限。只是学历和工作年限不是这些企业筛选高管的硬性指标，也不是企业筛选高管的唯一限定标准，企业更看重的是高管的实力、能力和实际表现等方面。

（2）经济发达区域和经济落后区域对高管人才需求存在明显差异，加之区域间各种软硬件环境的差距，经济落后地区会越来越多地流失掉优秀的经营管理者。从地区来看，北京、上海、广东等经济发达地区对高管的需求占据了主导地位，而且不同地区对人才的需求差异也比较明显。造成这一现象的原因大概有以下两个方面：一是与地区的政策环境、经济发展、产业布局、人文环境等有关。地区的政策经济等环境较好，对高管的需求量越大，对高管的吸引力也就越大。这造成了对高管吸引力较大的区域集中在东部地区。二是和地区薪酬水平差异较大有关。东部地区在薪酬上具有相当的优势，自然会吸引更多的高管进入。因此，不同地区对高管的吸引力不同而形成越来越大的鸿沟，对于中、西、东北地区的企业发展会带来长远的负面影响。

（3）热点行业对高管人才的较大吸引力会使得其他行业吸引优秀的经营管理者越来越难。从本章研究结果来看，房地产、金融、互联网三个行业属于热点行业，能提供给求职者的薪酬一般都高于其他行业，对高管具有相当的吸引力。进入这些行业对求职者来说意味着较好的发展前景和较高的薪酬水平，这也是求职者关注的重要方面。相比较而言，那些对人才需求量不够大的行业，同时对高管人才的吸引力也不够。这其中的原因：一是与这些行业中的企业体量有关，体量不大的企业能提供的薪酬水平有限，很难对高管有足够的吸引力。二是与这些行业的竞争性和发展前景等有一定的关系，发展前景较好的行业会吸引越来越多的高管进入。长此以往，就会使这些行业发展越来越好，而这对于其他行业的人才引进则会产生更加不利的影响。

（二）相关建议

（1）建议加大中部地区、西部地区和东北部地区在政策和人才市场建设等多方面积极投入，尤其是建立一个有效的职业经理人市场是非常必要的。总的来看，北京、上海、广东等经济发达地区区域经济多样化、各项政策和各种配套设施比较完善，比较利于吸引高端人才的流入。而其他地区，尤其是西部地区和东北部地区对于人才的吸引力就相对较弱。地区发展经济离不开地区高端人才的储备，包括高管人才的储备。企业经营离不开经营管理者开阔的视野和卓越的经营能力，这是企业发展至关重要的因素。吸引不到高素质高水平的人才，企业终将难以获得健康长久的发展。因此，建议地方人才服务部门根据企业对高管的需求和地区实际情况，建立健全有效的人才市场或人才引进渠道；结合地区经济发展规划，引导企业做好高管人才引进的规划；政府相关部门应结合人才市场情况，制定出台更符合本地区企业发展的政策和措施等，以吸引更多的优秀的高管人才，促进本地企业和经济的更好发展。

（2）建议政府相关部门和行业组织积极组织社会力量对非热点的、但是属于国计民生的行业加强政策支持和指导。在行业发展不均衡的客观情况下，高管会在行业之间进行流动，越来越多优秀的高管流向那些薪酬高、发展好的行业，这种趋势是不可避免的。长此以往会使得那些非热点的行业优秀高管人才逐渐流失，给这些行业乃至企业造成不可估量的影响。行业发展离不开人才。所以，建议那些薪酬水平不具备竞争优势的行业要未雨绸缪，加强内部人才培养和储备，做好应对可能发生人才流失的准备。此外，还要研究多种中长期激励措施，以多样的激励方式吸引优秀的高管进入企业，与企业共同创造价值，共享发展收益。政府相关部门和行业组织等应积极发挥作用，对非热点的行业进行指导和帮助，尤其要在人事相关制度建设方面，加大对这些行业的指导和政策倾斜。

（3）建议国有企业和民营企业多学习和引进先进的管理经验，尤其是国有企业，应积极落实经理层成员任期制和契约化管理及职业经理人制度，更好地推进企业持续发展。从上面研究结果来看，外资企业薪酬水平与民营企业和国有企业比较相对较高。民营企业和国有企业应该结合企业实际发展需要，积极突破创新，尤其是薪酬管理和绩效考核等制度的创新，学习国外企业先进的管理经验，以便吸引更多优秀的高管人才加入。当然也要看到，国有企业在薪酬方面虽然远远不如外资企业和民营企业灵活，但国有企业体量较大，平台资源较为丰富，受到政策变动影响较小，在市场竞争激烈和受到冲击时，往往体现出更强的抗冲击能力，这些优势相对外资企业和民营企业无疑是十分具有吸引力的。随着国有企业改革不断深化和推进，政府相关部门应该积极指导国有企业吸收和引进先进的企业管理经验和人事管理制度，积极落实经理层成员任期制和契约化管理及职业经理人制度改革措施，吸引更多高素质高水平的企业经营管理人才进入国有企业，使国有企业管理更加适应市场的发展和变化，为国有企业做优做强做大提供有力的人才支撑。

第六章　上市公司高级管理人员薪酬及股权激励研究

中国上市公司是按照现代企业制度进行管理的企业。经过三十多年的发展，中国上市公司相关的法律和法规日渐成熟，并形成了比较完善的企业制度和管理规范，逐渐成为现代企业规范管理的良好样本和国内企业完善内部管理及相关制度的榜样与标杆。其中，薪酬激励制度一直以来都备受关注，也是中国学者及相关机构一直在致力于深入研究的重要课题。本章采用上市公司的高管薪酬和激励的相关数据进行研究分析，希望可以为其他企业对标上市公司薪酬激励管理提供依据，也为学者和相关机构深入研究薪酬激励等问题提供参考。

根据《中华人民共和国公司法》第二百一十六条第（一）款的规定，高级管理人员，是指公司的经理、副经理、财务负责人，上市公司董事会秘书和公司章程规定的其他人员。但在很多公司实际运作中，参与企业战略决策和经营管理的人员都被认为是高级管理人员团队中的一员。高级管理人员团队是由在组织中主要承担战略决策责任的高层管理人员组成的团队，是决定组织发展和影响组织绩效的核心群体。本章研究的对象范围涵盖上市公司年报披露的高级管理人员（以下简称“高管”），其中包括董事会成员、监事会成员、总经理、副总经理、财务负责人等。

在区域研究时，本章的区域划分与第五章的区域划分一致。

依据中国证券监督管理委员会发布的《上市公司行业分类指引》，中国上市公司行业分类大致为农、林、牧、渔业，采矿业，制造业，电力、热力、燃气及水的生产和供应业，建筑业，批发和零售业，交通运输、仓储和邮政业，住宿和餐饮业，信息传输、软件和信息技术服务业，金融业，房地产业，租赁和商务服务业，科学研究和技术服务业，水利、环境和公共设施管理业，居民服务、修理和其他服务业，教育，卫生和社会工作业，文化、体育和娱乐业与综合业。本章对上市公司的行业研究按照此行业分类展开。

一、上市公司高管薪酬研究

薪酬是员工因向所在的组织提供劳务而获得的各种形式的酬劳。狭义的薪酬，指货币和可以转化为货币的报酬；广义的薪酬，除了包括狭义的薪酬以外，还包括获得的各种非货币形式的满足。中国证券监督管理委员会于2012年发布的《公开发行证券的公司信息披露内容与格式准则第2号——年度报告的内容与格式（2012年修订）》规定，上市公司披露的现任董事、监事和高级管理人员的年度报酬总额包括：基本工资、奖金、津贴、补贴、职工福利费和各项保险费、公积金、年金以及以其他形式从公司获得的报酬。这些报酬基本上是高管的现金报酬。因此，本章研究的高管薪酬水平为其年度现金收入总额水平，即所选样本公司年度报告披露的高管在报告期内领取的报酬总额（税前）。对于未在年报中明确注明高管薪酬总额为税前或税后的部分样本数据，在此默认其为税前数据。

为了使研究具有代表性，本章的高管薪酬数据包括上市公司每家企业年报披露的薪酬水平最高的前三位高管成员的薪酬的总和，这些数据主要来源于我国A股上市公司2016—2020年公司年报中披露的信息。2016年企业样本数为3118个，2017年企业样本数为3495个，2018年企业样本数为3590个，2019年企业样本数为3797个，2020年企业样本数为4247个。

（一）影响上市公司高管薪酬的因素

1. 企业规模

高管薪酬随企业规模的扩大而增加是一个普遍的事实。1969—1981年美国73个大公司的资料分析研究显示，企业规模高出10%，则最高职位的高管报酬就多2.5%。这是因为公司规模决定着高管的管理复杂度。企业规模越大，高管可控制的资源就越多，涉及的经营管理问题就越复杂，因此对高管的能力要求就越高，付给高管的报酬自然也就越高。

与企业规模不同，上市公司是以公司总资产来衡量上市公司的规模的。公司总资产是指公司拥有或控制的、能够带来经济利益的全部资产。一般认为，某一会计主体的总资产额等于其资产负债表的“资产总计”。资产负债核算中的“资产”是指经济资产。所谓经济资产，是指资产的所有权已经界定，其所有者通过在一定时期内对它们的有效使用、持有或者处置，从中获得经济利益的那部分资产。

2. 不同行业

企业处于不同行业对企业的竞争状态及盈利水平等众多因素具有重要影响。因此，不同行业的发展状况影响着企业高管的薪酬水平。

3. 不同地区

受历史因素影响，中国经济发展不均衡，尤其是东部地区、中部地区、西部地区的经济发展水平相差甚远。处于不同地区的企业的环境条件、竞争状态、人工成本、产品价格、生活成本等各不相同。相应地，处在不同区域的企业高管的薪酬水平也会存在较大差异。

4. 治理特征

公司的治理特征在一定程度上会影响高管的薪酬结构乃至总体薪酬水平。其中，董事会的监督与控制是影响高管薪酬的一个重要因素，有效地监督和控制能够抑制高管薪酬的过度增加，使高管的薪酬水平处于合理的范围内。董事会规模是指董事会中董事的数量，董事会规模是董事会监督和控制的影响因素之一。独立董事制度的引入，被认为是加强董事会独立性的有效措施，独立董事有监督高管团队的专业能力，独立董事的比例在一定程度上会对高管薪酬合理性的监督力度产生影响。而股权结构同样会对高管薪酬产生重要影响。公司股权的集中情况及股权性质等都会影响到管理者激励机制。有研究认为，股权结构高度集中的企业，大股东会积极参与公司的监督控制，不会坐视不理职业经理人的机会主义行为；而在股权结构分散的公司，大股东由于责任分散，对公司的监控力度较小，因而会忽视对职业经理人的监督管理，有些职业经理人会利用自己在企业的控制力，分配给自己较高的报酬。

5. 经营业绩水平

公司的经营业绩水平决定了薪酬的分配，因此对公司高管薪酬具有直接的影响。企业对高管的考核主要以经营业绩指标为主，可以说考核机制决定了考核重点是公司的经营业绩。考核之后，必然要依据考核结果进行薪酬兑现，而高管薪酬与公司经营业绩挂钩，即形成了高管薪酬与公司的经营业绩水平的同向联动。因此，公司的经营业绩水平与高管薪酬具有相当的关联性。

研究选取了净资产收益率、总资产收益率、每股收益、股东权益增长率、营业收入增长率等若干企业经营业绩指标与薪酬的关系进行研究。其中，净资产收益率是净利润与平均股东权益的百分比，是公司税后利润除以净资产得到的百分比，该指标反映股东权益的收益水平，用于衡量公司运用自有资本的效率。总资产收益率是分析公司盈利能力时又一个非常有用的比率，也是衡量企业收益能力的重要指标。每股收益指税后利润与股本总数的比率，是普通股股东每持有一股所能享有的企业净利润或需承担的企业净亏损。股东权益增长率是指企业每年从税后利润中保留的数额与股东权益总额的比例关系。营业收入增长率是指企业本年营业收入增加额与上年营业收入总额的比率。

（二）上市公司高管薪酬情况

1. 2020 年高管薪酬水平分析

（1）高管薪酬水平总体分布

从 2020 年企业高管前三名薪酬总额的整体统计结果来看（如表 6－1 所示），企业高管前三名薪酬总额的平均值为 340.80 万元/年，中值为 310.00 万元/年，25 分位值为 166.15 万元/年，50 分位值为 245.07 万元/年，75 分位值为 373.15 万元/年。

表 6－1　　2020 年企业高管前三名薪酬总额的基本情况

	样本数	25 分位值（万元/年）	50 分位值（万元/年）	75 分位值（万元/年）	平均值（万元/年）	中值（万元/年）	标准差
2020 年高管前三名薪酬总额	4238	166.15	245.07	373.15	340.80	310.00	382.31

注：

分位值表示被调查群体中有 $n\%$ 的数据小于某数值。其中，n 的大小反映市场的不同水平，通常使用 P25、P50、P75、P90 来表示市场的不同水平。

①25 分位值：表示有 25% 的数据小于此数值，通常反映市场的较低端水平。

②50 分位值（中位值）：表示有 50% 的数据小于此数值，通常反映市场的中等水平。

③75 分位值：表示有 75% 的数据小于此数值，通常反映市场的较高端水平。

平均值是所有数据的平均，反映市场的平均水平。

数据来源：根据国泰安 CSMAR 数据库整理计算。

从 2020 年企业高管前三名薪酬总额的区间分布（以 100 万元为 1 个区间）结果来看（如表 6－1 所示），企业高管前三名薪酬总额主要分布在 100 万～200 万元，共有 1253 家企业的高管前三名薪酬总额集中于此区间；企业高管前三名薪酬总额第二个集中分布区间是 200 万～300 万元，涉及 1177 家企业；企业高管前三名薪酬总额第三个集中分布区间是 300 万～400 万元，共涉及 613 家企业。

（2）高管薪酬水平行业分布

鉴于各行业企业数量不均衡，本次研究仅选择 2020 年企业个数超过 100 家的 8 个行业的相关数据进行分析。

从 2020 年不同行业企业高管前三名薪酬总额统计结果来看（如表 6－2 所示），企业高管前三名薪酬总额水平按行业由高到低排名依次为：金融业（760.11 万元），房地产业（641.72 万元），批发和零售业（373.67 万元），制造业（323.80 万元），信息传输、软件和信息技术服务业（310.18 万元），交通运输、仓储和邮政业（289.00 万元），建筑业（255.12 万元），电力、热力、燃气及水的生产和供应业（245.47 万元）。

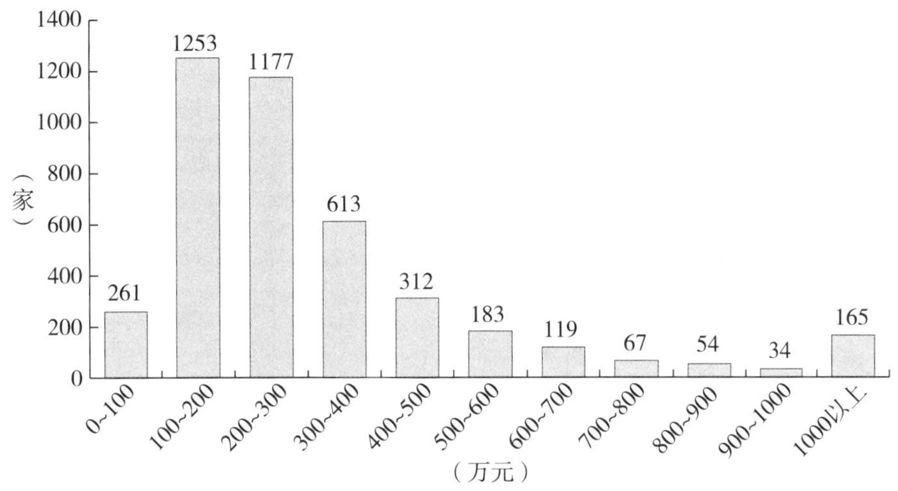

图 6－1 2020 年企业高管前三名薪酬总额区间分布情况

数据来源：根据国泰安 CSMAR 数据库整理计算。

表 6－2 2020 年不同行业企业高管前三名薪酬总额

行业	企业数量（家）	25 分位值（万元/年）	50 分位值（万元/年）	75 分位值（万元/年）	平均值（万元/年）
制造业	2721	161.74	236.90	356.38	323.80
电力、热力、燃气及水的生产和供应业	119	161.14	201.00	278.36	245.47
建筑业	101	164.95	244.06	319.27	255.12
批发和零售业	172	177.99	285.84	495.03	373.67
交通运输、仓储和邮政业	107	162.23	231.40	327.54	289.00
信息传输、软件和信息技术服务业	348	186.97	262.94	363.31	310.18
金融业	123	340.67	571.54	913.09	760.11
房地产业	121	242.23	359.49	722.45	641.72

数据来源：根据国泰安 CSMAR 数据库整理计算。

下面依次对表 6－2 所列行业企业高管前三名薪酬总额的具体情况进行说明。

制造业：在统计的 3812 家上市公司中，所属行业为制造业的有 2721 家企业。这部分企业高管前三名薪酬总额平均值为323.80万元/年，25分位值是161.74万元/年，50分位值是236.90万元/年，75分位值是356.38万元/年。

电力、热力、燃气及水的生产和供应业：在统计的3812家上市公司中，所属行业为电力、热力、燃气及水的生产和供应业的有119家企业。这部分企业高管前三名薪酬总额平均值为245.47万元/年，25分位值是161.14万元/年，50分位值是201.00万元/年，75分位值是278.36万元/年。

建筑业：在统计的3812家上市公司中，所属行业为建筑业的有101家企业。这部分企业高管前三名薪酬总额平均值为255.12万元/年，25分位值是164.95万元/年，50分位值是244.06万元/年，75分位值是319.27万元/年。

批发和零售业：在统计的3812家上市公司中，所属行业为批发和零售业的有172家企业。这部分企业高管前三名薪酬总额平均值为373.67万元/年，25分位值是177.99万元/年，50分位值是285.84万元/年，75分位值是495.03万元/年。

交通运输、仓储和邮政业：在统计的3812家上市公司中，所属行业为交通运输、仓储和邮政业的有107家企业。这部分企业高管前三名薪酬总额平均值为289.00万元/年，25分位值是162.23万元/年，50分位值是231.40万元/年，75分位值是327.54万元/年。

信息传输、软件和信息技术服务业：在统计的3812家上市公司中，所属行业为信息传输、软件和信息技术服务业的有348家企业。这部分企业高管前三名薪酬总额平均值为310.18万元/年，25分位值是186.97万元/年，50分位值是262.94万元/年，75分位值是363.31万元/年。

金融业：在统计的3812家上市公司中，所属行业为金融业的有123家企业。这部分企业高管前三名薪酬总额平均值为760.11万元/年，25分位值是340.67万元/年，50分位值是571.54万元/年，75分位值是913.09万元/年。

房地产业：在统计的3812家上市公司中，所属行业为房地产业的有121家企业。这部分企业高管前三名薪酬总额平均值为641.72万元/年，25分位值是242.23万元/年，50分位值是359.49万元/年，75分位值是722.45万元/年。

总的来看，企业所处行业是影响企业高管前三名薪酬总额的一个重要因素，不同行业的基础、发展趋势及经营风险各不相同，在知识、能力等方面对企业高管的需求有所差异，相应的高管薪酬水平也存在较为明显的差异。

（3）高管薪酬水平地域分布

下面依次对表6-3所列各省、自治区和直辖市企业高管前三名薪酬总额的具体情况进行说明。

表 6－3　　2020 年各省、自治区和直辖市企业高管前三名薪酬总额

地区	企业数量（家）	25 分位值（万元/年）	50 分位值（万元/年）	75 分位值（万元/年）	平均值（万元/年）
安徽	122	149. 35	199. 64	286. 82	254. 89
北京	491	210. 07	293. 18	446. 72	409. 39
福建	155	175. 35	251. 85	375. 19	320. 51
甘肃	27	93. 14	128. 58	251. 60	205. 86
广东	724	199. 91	282. 00	453. 35	424. 34
广西	31	114. 02	193. 49	304. 27	273. 28
贵州	28	145. 83	200. 78	274. 23	218. 54
海南	26	134. 76	168. 90	251. 92	223. 03
河北	57	119. 04	218. 43	358. 25	312. 80
河南	87	119. 13	184. 11	252. 23	280. 78
黑龙江	29	137. 84	183. 80	219. 15	220. 25
湖北	103	142. 23	232. 41	354. 17	325. 85
湖南	106	130. 97	187. 55	263. 79	246. 15
吉林	35	135. 93	232. 67	341. 36	262. 46
江苏	487	162. 95	235. 31	361. 95	292. 45
江西	52	164. 01	228. 42	313. 81	269. 53
辽宁	64	143. 14	216. 06	300. 52	263. 02
内蒙古	21	162. 83	203. 51	379. 54	412. 64
宁夏	14	105. 54	160. 34	219. 95	217. 92
青海	10	97. 07	125. 54	137. 94	135. 02
山东	223	146. 09	232. 80	309. 02	272. 88
山西	34	95. 37	143. 84	182. 92	165. 90
陕西	58	129. 60	185. 21	249. 84	232. 32
上海	395	199. 22	301. 49	485. 45	449. 67
四川	138	157. 80	219. 40	303. 92	295. 80
天津	49	159. 55	271. 46	365. 66	345. 61
西藏	10	130. 00	191. 83	291. 24	236. 54
新疆	53	121. 68	185. 60	245. 43	248. 87
云南	35	148. 48	215. 69	325. 93	338. 51
浙江	519	171. 60	236. 90	344. 97	297. 81
重庆	54	183. 19	252. 28	458. 00	464. 67

数据来源：根据国泰安 CSMAR 数据库整理计算。

安徽：在统计的 4237 家上市公司中，所属安徽省的有 122 家企业。这部分企业高

管前三名薪酬总额平均值为254.89万元/年，25分位值是149.35万元/年，50分位值是199.64万元/年，75分位值是286.82万元/年。

北京：在统计的4237家上市公司中，所属北京市的有491家企业。这部分企业高管前三名薪酬总额平均值为409.39万元/年，25分位值是210.07万元/年，50分位值是293.18万元/年，75分位值是446.72万元/年。

福建：在统计的4237家上市公司中，所属福建省的有155家企业。这部分企业高管前三名薪酬总额平均值为320.51万元/年，25分位值是175.35万元/年，50分位值是251.85万元/年，75分位值是375.19万元/年。

甘肃：在统计的4237家上市公司中，所属甘肃省的有27家企业。这部分企业高管前三名薪酬总额平均值为205.86万元/年，25分位值是93.14万元/年，50分位值是128.58万元/年，75分位值是251.60万元/年。

广东：在统计的4237家上市公司中，所属广东省的有724家企业。这部分企业高管前三名薪酬总额平均值为424.34万元/年，25分位值是199.91万元/年，50分位值是282.00万元/年，75分位值是453.35万元/年。

广西：在统计的4237家上市公司中，所属广西壮族自治区的有31家企业。这部分企业高管前三名薪酬总额平均值为273.28万元/年，25分位值是114.02万元/年，50分位值是193.49万元/年，75分位值是304.27万元/年。

贵州：在统计的4237家上市公司中，所属贵州省的有28家企业。这部分企业高管前三名薪酬总额平均值为218.54万元/年，25分位值是145.83万元/年，50分位值是200.78万元/年，75分位值是274.23万元/年。

海南：在统计的4237家上市公司中，所属海南省的有26家企业。这部分企业高管前三名薪酬总额平均值为223.03万元/年，25分位值是134.76万元/年，50分位值是168.90万元/年，75分位值是251.92万元/年。

河北：在统计的4237家上市公司中，所属河北省的有57家企业。这部分企业高管前三名薪酬总额平均值为312.80万元/年，25分位值是119.04万元/年，50分位值是218.43万元/年，75分位值是358.25万元/年。

河南：在统计的4237家上市公司中，所属河南省的有87家企业。这部分企业高管前三名薪酬总额平均值为280.78万元/年，25分位值是119.13万元/年，50分位值是184.11万元/年，75分位值是252.23万元/年。

黑龙江：在统计的4237家上市公司中，所属黑龙江省的有29家企业。这部分企业高管前三名薪酬总额平均值为220.25万元/年，25分位值是137.84万元/年，50分位值是183.80万元/年，75分位值是219.15万元/年。

湖北：在统计的4237家上市公司中，所属湖北省的有103家企业。这部分企业高管前三名薪酬总额平均值为325.85万元/年，25分位值是142.23万元/年，50分位值是232.41万元/年，75分位值是354.17万元/年。

湖南：在统计的4237家上市公司中，所属湖南省的有106家企业。这部分企业高管前三名薪酬总额平均值为246.15万元/年，25分位值是130.97万元/年，50分位值是187.55万元/年，75分位值是263.79万元/年。

吉林：在统计的4237家上市公司中，所属吉林省的有35家企业。这部分企业高管前三名薪酬总额平均值为262.46万元/年，25分位值是135.93万元/年，50分位值是232.67万元/年，75分位值是341.36万元/年。

江苏：在统计的4237家上市公司中，所属江苏省的有487家企业。这部分企业高管前三名薪酬总额平均值为292.45万元/年，25分位值是162.95万元/年，50分位值是235.31万元/年，75分位值是361.95万元/年。

江西：在统计的4237家上市公司中，所属江西省的有52家企业。这部分企业高管前三名薪酬总额平均值为269.53万元/年，25分位值是164.01万元/年，50分位值是228.42万元/年，75分位值是313.81万元/年。

辽宁：在统计的4237家上市公司中，所属辽宁省的有64家企业。这部分企业高管前三名薪酬总额平均值为263.02万元/年，25分位值是143.14万元/年，50分位值是216.06万元/年，75分位值是300.52万元/年。

内蒙古：在统计的4237家上市公司中，所属内蒙古自治区的有21家企业。这部分企业高管前三名薪酬总额平均值为412.64万元/年，25分位值是162.83万元/年，50分位值是203.51万元/年，75分位值是379.54万元/年。

宁夏：在统计的4237家上市公司中，所属宁夏回族自治区的有14家企业。这部分企业高管前三名薪酬总额平均值为217.92万元/年，25分位值是105.54万元/年，50分位值是160.34万元/年，75分位值是219.95万元/年。

青海：在统计的4237家上市公司中，所属青海省的有10家企业。这部分企业高管前三名薪酬总额平均值为135.02万元/年，25分位值是97.07万元/年，50分位值是125.54万元/年，75分位值是137.94万元/年。

山东：在统计的4237家上市公司中，所属山东省的有223家企业。这部分企业高管前三名薪酬总额平均值为272.88万元/年，25分位值是146.09万元/年，50分位值是232.80万元/年，75分位值是309.02万元/年。

山西：在统计的4237家上市公司中，所属山西省的有34家企业。这部分企业高管前三名薪酬总额平均值为165.90万元/年，25分位值是95.37万元/年，50分位值是

143.84万元/年，75分位值是182.92万元/年。

陕西：在统计的4237家上市公司中，所属陕西省的有58家企业。这部分企业高管前三名薪酬总额平均值为232.32万元/年，25分位值是129.60万元/年，50分位值是185.21万元/年，75分位值是249.84万元/年。

上海：在统计的4237家上市公司中，所属上海市的有395家企业。这部分企业高管前三名薪酬总额平均值为449.67万元/年，25分位值是199.22万元/年，50分位值是301.49万元/年，75分位值是485.45万元/年。

四川：在统计的4237家上市公司中，所属四川省的有138家企业。这部分企业高管前三名薪酬总额平均值为295.80万元/年，25分位值是157.80万元/年，50分位值是219.40万元/年，75分位值是303.92万元/年。

天津：在统计的4237家上市公司中，所属天津市的有49家企业。这部分企业高管前三名薪酬总额平均值为345.61万元/年，25分位值是159.55万元/年，50分位值是271.46万元/年，75分位值是365.66万元/年。

西藏：在统计的4237家上市公司中，所属西藏自治区的有10家企业。这部分企业高管前三名薪酬总额平均值为236.54万元/年，25分位值是130.00万元/年，50分位值是191.83万元/年，75分位值是291.24万元/年。

新疆：在统计的4237家上市公司中，所属新疆维吾尔自治区的有53家企业。这部分企业高管前三名薪酬总额平均值为248.87万元/年，25分位值是121.68万元/年，50分位值是185.60万元/年，75分位值是245.43万元/年。

云南：在统计的4237家上市公司中，所属云南省的有35家企业。这部分企业高管前三名薪酬总额平均值为338.51万元/年，25分位值是148.48万元/年，50分位值是215.69万元/年，75分位值是325.93万元/年。

浙江：在统计的4237家上市公司中，所属浙江省的有519家企业。这部分企业高管前三名薪酬总额平均值为297.81万元/年，25分位值是171.60万元/年，50分位值是236.90万元/年，75分位值是344.97万元/年。

重庆：在统计的4237家上市公司中，所属重庆市的有54家企业。这部分企业高管前三名薪酬总额平均值为464.67万元/年，25分位值是183.19万元/年，50分位值是252.28万元/年，75分位值是458.00万元/年。

（4）高管薪酬水平企业资产规模分布

从2020年不同企业规模的企业高管前三名薪酬总额情况统计结果来看（如表6－4所示），公司总资产在100亿元以上的企业高管前三名薪酬总额平均值为552.58万元/年；公司总资产为50亿元～100亿元的企业高管前三名薪酬总额平均值为340.65万元/年；公司总资产为10亿元~50亿元的企业高管前三名薪酬总额平均值为257.95万元/年；而公司总资产在10亿元以下的企业高管前三名薪酬总额平均值为193.66万元/年。

表6-4　　不同规模企业高管前三名薪酬总额

公司总资产（亿元）	企业数（家）	25分位值（万元/年）	50分位值（万元/年）	75分位值（万元/年）	平均值（万元/年）
10以下	383	118.88	167.60	236.38	193.66
10~50	2082	154.12	220.05	309.24	257.95
50~100	692	182.78	264.75	390.08	340.65
100以上	1081	237.17	358.32	636.99	552.58

2. 2016—2020年高管薪酬水平趋势分析

（1）不同性质企业高管薪酬水平分布情况

从2016—2020年不同企业性质的企业高管前三名薪酬总额情况统计结果来看（如图6-2所示），外资企业前三名高管薪酬水平一直处于领先，虽然2017年有所微降，从358.89万元下降到342.03万元，但随后逐年上升。国有企业和民营企业前三名高管薪酬水平都是逐年上升的。相比较民营企业，国有企业前三名高管薪酬水平相对较高。出现这种情况的原因可能与企业的行业分布有关，处于优势地位的行业主要集中于外资企业和国有企业。

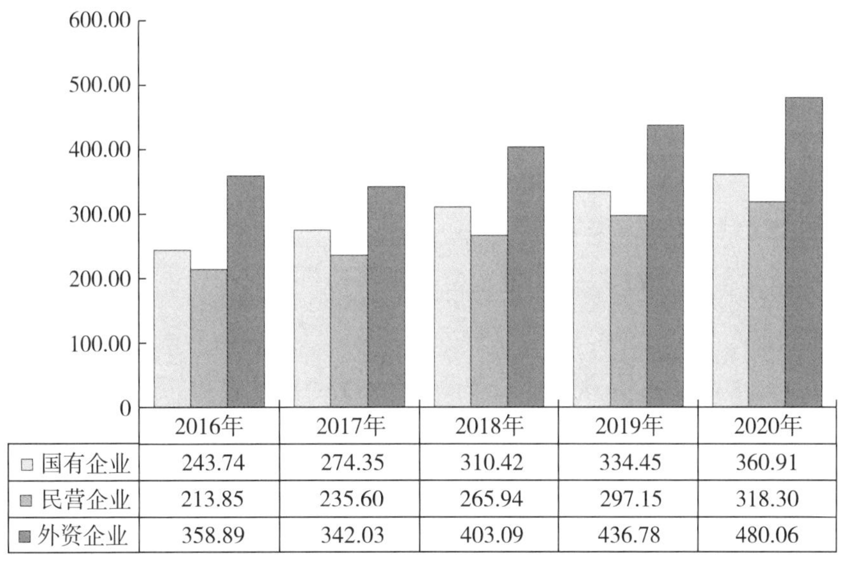

图6-2　2016—2020年不同性质企业高管前三名薪酬总额（单位：万元）

数据来源：根据国泰安CSMAR数据库整理计算。

（2）不同行业企业高管薪酬水平分布情况

鉴于各行业企业数量不均衡，本次研究仅选择2020年企业个数超过100家的8个行业的相关数据进行分析。从2016—2020年不同企业性质的企业高管前三名薪酬总额情况统计结果来看（如表6－5所示），制造业，电力、热力、燃气及水的生产和供应业，批发和零售业，信息传输、软件和信息技术服务业的企业前三名高管的薪酬水平逐年上升，其余几个行业的企业前三名高管的薪酬水平在2016—2020年均有波动，具体变化情况如图6－3所示。

表6－5　　2016—2020年分行业企业高管前三名薪酬总额

行业	企业数量（家）	2016年（万元）	2017年（万元）	2018年（万元）	2019年（万元）	2020年（万元）
制造业	2721	204.64	226.77	262.53	293.39	323.8
电力、热力、燃气及水的生产和供应业	119	172.51	179.37	195.95	225.40	245.47
建筑业	101	194.90	212.49	227.67	260.64	255.12
批发和零售业	172	255.64	284.30	315.17	346.00	373.67
交通运输、仓储和邮政业	107	207.16	258.64	290.24	305.58	289.00
信息传输、软件和信息技术服务业	348	213.13	232.57	270.11	300.39	310.18
金融业	123	688.07	674.27	642.62	665.26	760.11
房地产业	121	420.38	499.08	586.52	675.26	641.72

数据来源：根据国泰安CSMAR数据库整理计算。

（3）不同地域企业高管薪酬水平分布情况

①东部地区

从2016—2020年东部地区企业高管前三名薪酬总额情况统计结果来看（如表6－6所示），除天津、海南外，其他地区的企业前三名高管薪酬总额逐年上升，具体变化情况如图6－4所示。

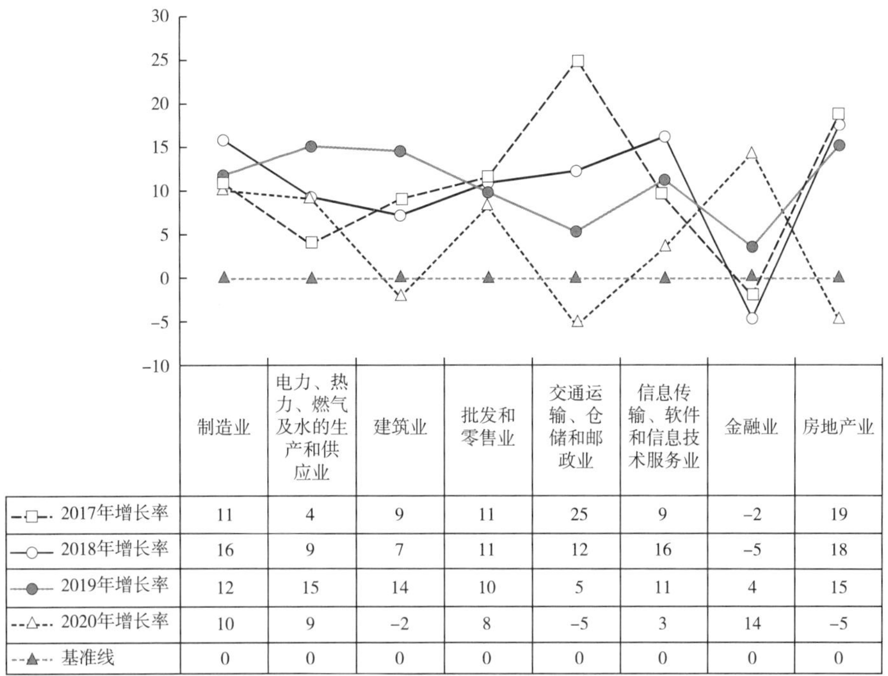

图6-3　2017—2020年分行业企业高管前三名薪酬总额增长率（单位:%）

数据来源：根据国泰安CSMAR数据库整理计算。

表6-6　　2016—2020年东部地区企业高管前三名薪酬总额

地区	2016年（万元）	2017年（万元）	2018年（万元）	2019年（万元）	2020年（万元）
北京	275.10	306.29	358.21	396.18	409.39
福建	212.61	240.80	266.53	292.04	320.51
广东	297.00	323.18	365.91	397.12	424.34
海南	182.10	178.60	196.54	210.27	223.03
河北	224.23	252.83	281.59	304.85	312.80
江苏	197.05	212.70	235.64	277.63	292.45
山东	188.47	197.12	226.54	265.72	272.88
上海	300.74	330.38	377.08	411.14	449.67
天津	214.46	209.37	260.69	247.20	345.61
浙江	211.34	222.44	243.54	278.21	297.81

数据来源：根据国泰安CSMAR数据库整理计算。

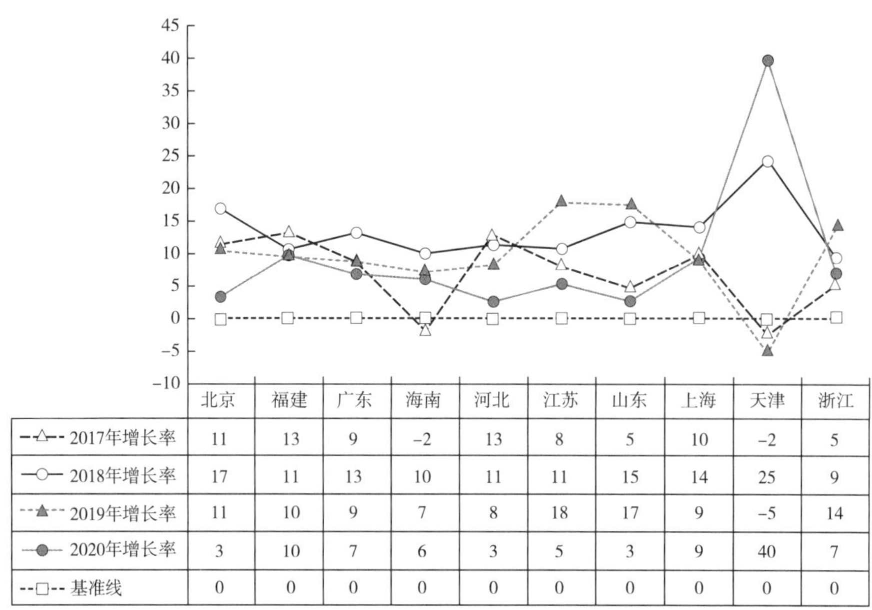

图 6－4　2017—2020 年东部地区企业高管前三名薪酬总额增长率（单位:%）

数据来源：根据国泰安 CSMAR 数据库整理计算。

②中部地区

从 2016—2020 年中部地区企业高管前三名薪酬总额情况统计结果来看（如表 6－7 所示），除江西、山西外，其他地区的企业前三名高管薪酬水平逐年上升，2019 年和 2020 年江西的前三名高管薪酬总额有所下降，2020 年山西的前三名高管薪酬总额有所下降，具体变化情况如图 6－5 所示。

表 6－7　　2016—2020 年中部地区企业高管前三名薪酬总额

地区	2016 年（万元）	2017 年（万元）	2018 年（万元）	2019 年（万元）	2020 年（万元）
安徽	174. 52	194. 37	203. 60	231. 34	254. 89
河南	160. 87	185. 14	214. 98	252. 54	280. 78
湖北	205. 91	231. 52	288. 95	301. 42	325. 85
湖南	190. 58	201. 42	224. 39	229. 29	246. 15
江西	214. 47	247. 15	382. 66	346. 01	269. 53
山西	130. 00	151. 63	168. 72	179. 89	165. 90

数据来源：根据国泰安 CSMAR 数据库整理计算。

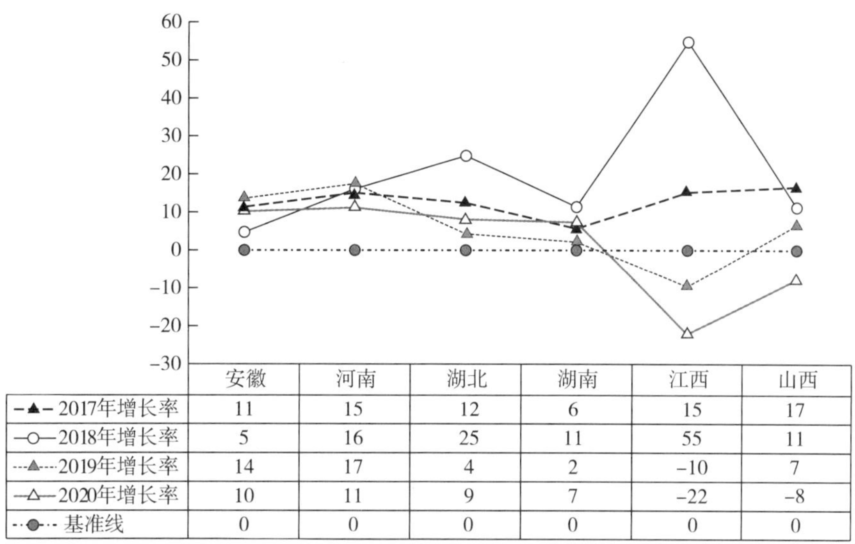

图 6－5 2017—2020 年中部地区企业高管前三名薪酬总额增长率（单位：%）

数据来源：根据国泰安 CSMAR 数据库整理计算。

③西部地区

从 2016—2020 年西部地区企业高管前三名薪酬总额情况统计结果来看（如表 6－8 所示），除甘肃、贵州、宁夏、青海、陕西、云南外，其他地区企业前三名高管薪酬水平逐年上升，2020 年贵州的企业高管前三名薪酬总额有所下降，2020 年宁夏的企业高管前三名薪酬总额有所下降，2017 年青海的企业高管前三名薪酬总额有所下降，2019 年陕西的企业高管前三名薪酬总额有所下降，2018 年云南的企业高管前三名薪酬总额有所下降，但下降幅度均不明显，具体变化情况如图 6－6 所示。

表 6－8 2016—2020 年西部地区企业高管前三名薪酬总额

地区	2016 年（万元）	2017 年（万元）	2018 年（万元）	2019 年（万元）	2020 年（万元）
甘肃	153.66	162.02	162.02	170.89	205.86
广西	202.47	205.58	238.41	240.29	273.28
贵州	166.00	194.37	199.73	219.81	218.54
内蒙古	221.22	300.50	362.65	391.85	412.64
宁夏	125.77	153.95	178.87	231.45	217.92
青海	118.07	108.08	118.54	120.59	135.02
陕西	168.10	180.00	203.44	201.21	232.32
四川	195.46	220.04	241.69	264.83	295.80
西藏	183.22	188.92	217.48	225.47	236.54
新疆	164.66	189.92	220.29	248.54	248.87

续 表

地区	2016 年（万元）	2017 年（万元）	2018 年（万元）	2019 年（万元）	2020 年（万元）
云南	184. 58	229. 61	223. 76	245. 37	338. 51
重庆	253. 40	266. 03	370. 46	438. 24	464. 67

数据来源：根据国泰安 CSMAR 数据库整理计算。

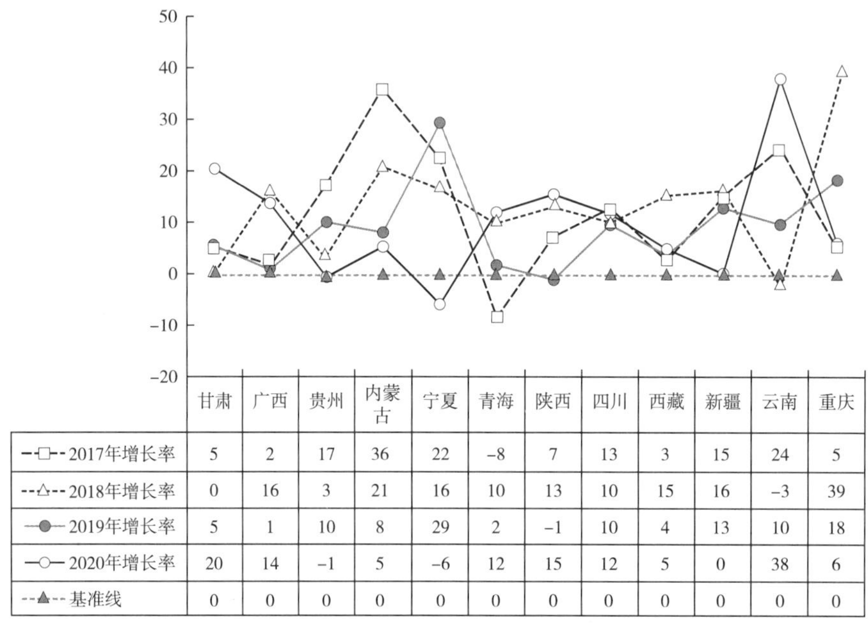

图 6 −6　2017—2020 年西部地区企业高管前三名薪酬总额增长率（单位:%）

数据来源：根据国泰安 CSMAR 数据库整理计算。

④东北部地区

从 2016—2020 年东北部地区企业高管前三名薪酬总额情况统计结果来看（如表 6 −9 所示），黑龙江、吉林、辽宁的前三名高管薪酬水平逐年上升，具体变化情况如图 6 −7 所示。

表 6 −9　　2016—2020 年东北部地区企业高管前三名薪酬总额

地区	2016 年（万元）	2017 年（万元）	2018 年（万元）	2019 年（万元）	2020 年（万元）
黑龙江	142. 20	137. 98	165. 07	185. 20	220. 25
吉林	151. 70	178. 29	186. 46	211. 22	262. 46
辽宁	206. 50	217. 36	222. 12	240. 51	263. 02

数据来源：根据国泰安 CSMAR 数据库整理计算。

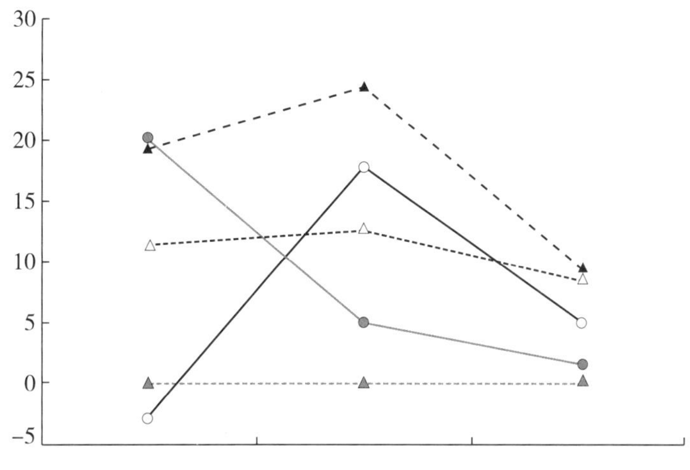

	黑龙江	吉林	辽宁
—○—2017年增长率	-3	18	5
—●—2018年增长率	20	5	2
--△--2019年增长率	12	13	8
- ▲ - 2020年增长率	19	24	9
--▲--基准线	0	0	0

图6－7　2017—2020年东北部地区企业高管前三名薪酬总额增长率（单位:%）

数据来源：根据国泰安CSMAR数据库整理计算。

3. 高管薪酬水平与公司特征、治理特征、公司绩效特征关系研究

为了便于研究高管薪酬水平与公司特征、治理特征、公司绩效特征之间的关系，依据高管薪酬水平将企业分为四类：

第一类为企业高管前三名薪酬总额在0～25%（含25%）分位区间的企业，这部分企业的高管前三名薪酬总额在所有样本企业同类人员的薪酬总额等级中处于最低的区间，统称为薪酬等级1级企业。

第二类为企业高管前三名薪酬总额在25%～50%（含50%）分位区间的企业，这部分企业高管前三名薪酬总额在所有样本企业同类人员的薪酬总额等级中处于较低的区间，统称为薪酬等级2级企业。

第三类为企业高管前三名薪酬总额在50%～75%（含75%）分位区间的企业，这部分企业高管前三名薪酬总额在所有样本企业同类人员薪酬总额等级中处于较高的区间，统称为薪酬等级3级企业。

第四类为企业高管前三名薪酬总额在75%～100%分位区间的企业，这部分企业高管前三名薪酬总额在所有样本企业同类人员薪酬总额等级中处于最高的区间，统称为

薪酬等级 4 级企业。

（1）高管薪酬水平与公司特征关系研究

薪酬等级所对应的公司特征变量（公司规模、区域分布）情况如表 6－10 所示。

表 6－10　企业高管薪酬等级与公司特征统计分析

薪酬等级	公司规模平均值（亿）	东部地区	中部地区	西部地区	东北地区
1 级	64.82	0.62	0.18	0.16	0.04
2 级	210.47	0.70	0.13	0.13	0.04
3 级	1548.56	0.70	0.13	0.13	0.04
4 级	1138.37	0.80	0.09	0.08	0.03

注：东部地区、中部地区、西部地区、东北地区的变量为虚拟变量，当公司所处区域为某一地区时，该地区取值为 1，否则取值为 0。

数据来源：根据国泰安 CSMAR 数据库整理计算。

在公司规模上看，虽然薪酬等级为 1、2、3 级的企业的公司规模平均值是逐渐递增的，但薪酬为 4 级的企业，并没有比薪酬等级为 3 级的企业的公司规模平均值更高。总体来说，高管薪酬水平和公司规模并非完全同步增长的关系。

从地区上来看，薪酬等级越高的企业所在地区是东部地区的相对可能性就越高。而薪酬等级越低的地区是中部地区、西部地区的相对可能性就越高。而东北地区处于四个等级的比例都比较低。总体来说，高管薪酬水平和地域有关系。

（2）高管薪酬水平与治理特征关系研究

薪酬等级对应公司的治理特征（独立董事比例、第一大股东持股比例、薪酬考核委员会设置、董事长与总经理兼任情况）情况如表 6－11 所示。

从独立董事比例、第一大股东持股比例、薪酬考核委员会设置、董事长与总经理兼任情况来看，统计结果差异性都不是很大。总体来说，高管薪酬水平和企业治理特征的关系不大，这可能是因为随着上市公司管理越来越规范，上市公司的治理结构也越来越完备，以至于这些变量不对高管薪酬水平产生什么影响。

表 6－11　企业高管薪酬等级与治理特征统计分析

薪酬等级	独立董事比例	第一大股东持股比例	薪酬考核委员会设置	董事长与总经理兼任情况
1 级	0.38	31.90	1.00	1.66
2 级	0.38	34.20	1.00	1.69

续　表

薪酬等级	独立董事比例	第一大股东持股比例	薪酬考核委员会设置	董事长与总经理兼任情况
3 级	0.38	32.36	1.00	1.66
4 级	0.38	33.03	1.00	1.68

注：董事会规模即上市公司年报中公布的公司的董事总人数。

独立董事比例：独立董事指在上市公司年报中明确披露其身份为独立董事的董事。独立董事比例等于独立董事占董事会总人数比例。

数据来源：根据国泰安 CSMAR 数据库整理计算。

（3）高管薪酬水平与公司绩效特征关系研究

企业薪酬等级对应的公司绩效特征（总资产收益率、净资产收益率、每股收益、股东权益增长率、主营业务收入增长率）情况如表 6－12 所示。

表 6－12　企业高管薪酬等级与公司绩效特征统计分析

薪酬等级	总资产收益率	净资产收益率	每股收益	股东权益增长率	主营业务收入增长率
1 级	－0.01	－0.09	0.13	0.96	4.28
2 级	0.03	－0.02	0.39	1.65	3.91
3 级	0.03	0.01	0.50	18.02	13.33
4 级	0.05	0.08	0.81	8.95	18.84

注：表中数据为平均值。

数据来源：根据国泰安 CSMAR 数据库整理计算。

从总资产收益率指标来说，总资产收益率越高的公司高管薪酬水平越高。从净资产收益率来说，净资产收益率越高的企业高管薪酬等级越高。从每股收益来说，也是每股收益越高的企业高管薪酬等级也越高。从股东权益增长率来说，薪酬等级与股东权益增长率不是直线相关关系。从主营业务收入增长率指标来说，主营业务收入增长率越高的公司薪酬水平越高。总体来说公司绩效对高管薪酬水平的影响还是比较明显的。

（4）高管薪酬水平与公司特征及公司绩效特征相关研究

为更好研究 2016—2020 年高管薪酬水平与公司特征及公司绩效特征是否存在相关关系，本次研究以制造业为研究样本。这是因为制造业为上市公司企业数量最多的行业，数据样本大，从而使研究结果更加真实可靠，具有更大的统计学意义。

研究共选取制造业上市公司 2016—2020 年的数据样本 6425 个。以制造业行业的企业高管前三名薪酬总额对数、主营业务收入增长率、总资产收益率、股东权益增长率、净资产收益率、每股收益、总资产对数、是否隶属于中部地区、是否隶属于西部地区、是否隶属于东部地区数据作为变量进行研究。

其中，企业高管前三名薪酬总额对数为因变量；主营业务收入增长率、总资产收益率、股东权益增长率、净资产收益率、每股收益为自变量；总资产对数、是否隶属于中部地区、是否隶属于西部地区、是否隶属于东部地区为控制变量。

统计方法采用皮尔逊相关分析、线性多元回归模型等方法进行分析。其中，线性多元回归模型采用逐步回归的方式；第一次进入模型的预测变量为主营业务收入增长率、总资产收益率、股东权益增长率、净资产收益率、每股收益五个变量；第二次进入模型的预测变量为总资产对数、是否隶属于中部地区、是否隶属于西部地区、是否隶属于东部地区四个变量。

皮尔逊相关系数矩阵分析结果如表 6－13 所示。根据皮尔逊相关系数矩阵分析结果可以看到，企业高管前三名薪酬总额对数与总资产收益率、每股收益的相关系数分别都存在 0.01 水平显著，且呈正相关性。企业高管前三名薪酬总额对数与净资产收益率、主营业务收入增长率都存在 0.05 水平显著，且呈正相关性。这表明研究的制造业企业高管薪酬与企业绩效成正相关。企业高管前三名薪酬总额对数与总资产对数、是否隶属于中部地区、是否隶属于西部地区、是否隶属于东部地区都存在 0.01 水平显著，与是否隶属于东部地区、主营业务增长率是正相关，与是否隶属于中部地区、是否隶属于西部地区呈负相关。

表 6－13　　制造业企业高管薪酬影响因素的皮尔逊相关矩阵

影响因素	高管薪酬总额对数	总资产收益率	净资产收益率	每股收益	股东权益增长率	主营业务收入增长率	总资产对数	是否隶属于东部地区	是否隶属于中部地区	是否隶属于西部地区
高管薪酬总额对数	1.000	0.057**	0.023*	0.194**	0.007	0.020*	0.418**	0.176**	－0.114**	－0.088**
总资产收益率	0.057**	1.000	0.084**	0.159**	0.041**	0.003	0.069**	－0.001	0.007	－0.002
净资产收益率	0.023*	0.084**	1.000	0.114**	0.003	0.006	0.022*	0.018*	0.005	－0.027**
每股收益	0.194**	0.159**	0.114**	1.000	0.011	0.009	0.156**	0.028**	－0.013	－0.012
股东权益增长率	0.007	0.041**	0.003	0.011	1.000	0.059**	0.008	0.007	－0.004	－0.006

续　表

影响因素	高管薪酬总额对数	总资产收益率	净资产收益率	每股收益	股东权益增长率	主营业务收入增长率	总资产对数	是否隶属于东部地区	是否隶属于中部地区	是否隶属于西部地区
主营业务收入增长率	0.020*	0.003	0.006	0.009	0.059**	1.000	0.025**	0.008	-0.006	-0.003
总资产对数	0.418**	0.069**	0.022*	0.156**	0.008	0.025**	1.000	-0.073**	0.026**	0.053**
是否隶属于东部地区	0.176**	-0.001	0.018*	0.028**	0.007	0.008	-0.073**	1.000	-0.618**	-0.583**
是否隶属于中部地区	-0.114**	0.007	0.005	-0.013	-0.004	-0.006	0.026**	-0.618**	1.000	-0.141**
是否隶属于西部地区	-0.088**	-0.002	-0.027**	-0.012	-0.006	-0.003	0.053**	-0.583**	-0.141**	1.000

注：** 表示相关系数在 0.01 水平显著（双尾检验）。

* 表示相关系数在 0.05 水平显著（双尾检验）。

数据来源：根据国泰安 CSMAR 数据库整理计算。

多元回归 R 值平方结果如表 6 - 14 所示。根据多元回归结果显示，R 值平方低于 0.40，回归模型解释力低，回归模型不显著。

表 6 - 14　　制造业企业高管薪酬影响因素回归模型摘要

模型	R 值	R 值平方	调整的 R 值平方	估计的标准误
1	0.20[a]	0.04	0.04	0.68
2	0.48[b]	0.23	0.23	0.61

a. Predictors：(Constant)，主营业务收入增长率、总资产收益率、股东权益增长率、净资产收益率、每股收益。

b. Predictors：(Constant)，主营业务收入增长率、总资产收益率、股东权益增长率、净资产收益率、每股收益、是否隶属于中部地区、是否隶属于西部地区、总资产对数、是否隶属于东部地区。

数据来源：根据国泰安 CSMAR 数据库整理计算。

回归方差分析结果如表 6 - 15 所示。回归方差分析表对应到的显著性值小于 0.01，表明模型整体是显著的。

表6－15　　制造业企业高管薪酬影响因素回归方差分析

模型		平方和	自由度	均方	F值	显著性
1	Regression	206.91	5	41.38	89.33	0.00[a]
	Residual	5239.15	11309	0.46	—	—
	Total	5446.06	11314	—	—	—
2	Regression	1270.45	9	141.16	382.18	0.00[b]
	Residual	4175.61	11305	0.37	—	—
	Total	5446.06	11314	—	—	—

a. 预测变量、主营业务收入增长率、总资产收益率、股东权益增长率、净资产收益率、每股收益。

b. 预测变量、主营业务收入增长率、总资产收益率、股东权益增长率、净资产收益率、每股收益、是否隶属于中部地区、是否隶属于西部地区、总资产对数、是否隶属于东部地区。

数据来源：根据国泰安 CSMAR 数据库整理计算。

根据各变量回归结果（表6－16）显示，每股收益对企业高管前三名薪酬总额对数回归系数在0.01 水平上显著，说明每股收益与高管前三名薪酬总额存在正相关；并且每股收益每增加一个单位，会导致企业高管前三名薪酬总额对数增加0.08 个单位。主营业务收入增长率、总资产收益率、股东权益增长率、净资产收益率对于企业高管前三名薪酬总额对数回归系数不显著，没有相对应的预测关系。控制变量总资产对数、是否隶属于中部地区、是否隶属于西部地区、是否隶属于东部地区对企业高管前三名薪酬总额对数回归系数在0.01 水平上显著，说明控制变量总资产对数、是否隶属于中部地区、是否隶属于西部地区、是否隶属于东部地区与企业高管前三名薪酬总额存在正相关。

表6－16　　制造业企业高管薪酬影响因素回归系数显著性检验

模型		非标准化相关系数		标准化相关系数	T值	显著性
		B值	标准误	Beta值		
1	(Constant)	14.48	0.01	—	2102.51	0.00
	总资产收益率	0.03	0.02	0.01	1.39	0.17
	净资产收益率	0.00	0.00	0.00	－0.05	0.96
	每股收益	0.12	0.01	0.19	20.03	0.00
	股东权益增长率	0.00	0.00	0.00	0.39	0.70
	主营业务收入增长率	0.00	0.00	0.02	1.96	0.05

续　表

模型		非标准化相关系数		标准化相关系数	T 值	显著性
		B 值	标准误	Beta 值		
2	(Constant)	8.95	0.11	—	80.34	0.00
	总资产收益率	0.03	0.02	0.01	1.56	0.12
	净资产收益率	0.00	0.00	-0.01	-0.66	0.51
	每股收益	0.08	0.01	0.12	14.05	0.00
	股东权益增长率	0.00	0.00	0.00	0.06	0.95
	主营业务收入增长率	0.00	0.00	0.01	0.81	0.42
	总资产对数	0.24	0.01	0.41	49.44	0.00
	是否隶属于西部地区	0.10	0.04	0.05	2.86	0.00
	是否隶属于中部地区	0.09	0.04	0.04	2.56	0.01
	是否隶属于东部地区	0.40	0.03	0.26	12.48	0.00

数据来源：根据国泰安 CSMAR 数据库整理计算。

（三）上市公司高管薪酬研究结果分析

（1）上市公司高管薪酬水平在2016—2020年是逐年上升的，行业差距明显。一些热点行业，如金融业和房地产业高管薪酬水平与其他行业的差异十分明显，造成大量的优秀高管流向该类行业，而非热点行业会更加难以引入优秀的高管。

（2）上市公司高管薪酬的规模效应和地域效应都很明显。从规模效应来看，上市公司高管薪酬在一定程度上是随着企业规模的扩大而增加的，但也不是绝对的，在企业规模到达一定程度后，企业规模再增加似乎并不一定会使高管的薪酬再继续增加。从地域来看，高管薪酬较高的地区是东部地区，而较低的地区则是中部地区、西部地区或东北地区，区域效应非常明显。

（3）上市公司高管的薪酬与经营业绩具有高度相关性。从公司绩效方面的指标（如业务收入增长率、总资产收益率、股东权益增长率、净资产收益率、每股收益等）来看，公司绩效与高管薪酬之间存在一定的相关关系，说明公司绩效较好的企业更愿意为高管提供较高的薪酬。

二、上市公司高管股票期权激励研究

股权激励是企业以期权、股票作为标的物对企业人员进行激励的一种方式，对上市公司高管的股权激励一直是社会关注的焦点问题之一。股权激励机制在英国、美国、法国等西方发达国家的公司治理中，得到广泛推行和发展。20 世纪 50 年代，第一个经理人股票期权机制和第一个公司员工持股计划在美国公司中诞生。

股权激励是长期激励的一种模式，目的是实现企业对重要的人员，尤其是高管的绑定，从而使他们为实现企业的战略目标而付出努力。目前，中国大部分企业使用的激励模式包括期权、限制性股票、增值权、虚拟股票等。股权激励中，使用范围最普遍的就是股票期权激励（ESO，Executive Stock Options）。股票期权是指上市公司授予激励对象在一定时期内以一个事先约定的价格或条件来购买公司股份的权利。

（一）上市公司高管股权激励基本理论和相关影响因素研究

随着企业改革改制的推进和发展，中国上市公司出现了所有权与经营权两权分离的现象。上市公司的股东和公司管理层之间逐渐形成一种“委托代理关系”，经理层受公司股东委托，对上市公司进行经营与管理。但是从发展过程中不难看出，双方的利益存在差异和不一致性。上市公司经理层的某些决策和行为可能会偏离“股东价值最大化”的最终目标。

因此，一些管理和激励方法应运而生。其中，股权激励作为一种中长期激励方法，通过赋予上市公司经理层一定的公司股票或者股票期权，使经理层在经营管理公司的同时，能合理合法地享有一定的“剩余控制权”。股权激励能够有效地将上市公司的人力资本转化为核心竞争力，而核心竞争力又直接影响着上市公司的财务绩效。股权激励通过“人本”与“物本”的有机结合，有效地激励和约束上市公司经理层追求中长期利益，避免经理层短期利己行为，从而达到经理层和股东利益捆绑、风险共担，减少因两权分离而产生的代理成本，最终实现上市公司的可持续发展。

2006 年 1 月 1 日起，中国证券监督管理委员会开始实施《上市公司股权激励管理办法（试行）》。随后，不少上市公司开始实践股权激励机制。2006 年，国务院国有资产监督管理委员会先后发布了《国有控股上市公司（境外）实施股权激励试行办法》和《国有控股上市公司（境内）实施股权激励试行办法》，又于 2008 年发布了《关于规范国有控股上市公司实施股权激励制度有关问题的通知》，从总体上构建了规范国有控股上市公司实施股权激励的政策框架体系，开启了国有企业股权激励的实践。

从企业性质角度来看，国有企业在实施股权激励方面与民营企业、外资企业考虑的问题有所不同，国有企业要考虑经济、政治、政策、社会影响等多种因素，重点关注政策的可行性。因此，与其他性质的企业相比，国有企业实施股权激励要更慎重，进程也相对缓慢。

从行业角度来看，对人力资本要求较高的知识密集型行业和技术服务型行业，对股权激励机制的接受程度更高，实施股权激励更加积极主动。

从区域角度来看，东部地区、中部地区、西部地区和东北部地区在区域经济状况、企业发展环境、企业市场化程度等方面存在差异，必然导致区域间对于企业竞争力和人才激励的观念等存在差异。市场化程度较高的地区，其人才竞争更加激烈。为了提高企业对人才的吸引力，企业必然要在薪酬和股权激励方面倾向重点人才，而企业高管正是此类重点人群之一。

（二）上市公司高管股权激励情况

1. 2016—2020 年股权激励趋势分析

从我国 A 股上市公司实施股权激励情况的统计结果来看（如图 6－8 所示）。2016 年实施股权激励的上市公司数量为 2230 家；2017 年实施股权激励的上市公司数量为 2538 家；2018 年实施股权激励的上市公司数量为 2630 家；2019 年实施股权激励的上市公司数量为 2785 家；2020 年实施股权激励的上市公司数量为 3135 家。其中，2016—2020 年我国上市公司中实施股权激励（高管持股）的企业占比分别为 71.52%，72.62%，73.26%，73.35% 和 73.82%。因此，实施股权激励的上市公司数量和比例都呈现持续增长趋势。

2. 股权激励按企业性质比较分析

从我国 A 股上市公司实施股权激励按企业性质的比较分析结果来看（如图 6－9 和图6－10所示），2020 年共统计上市公司 4247 家，国有企业 1227 家中有 642 家实施了股权激励，占全部国有企业的 52.32%；民营企业 2675 家中有 2253 家实施了股权激励，占全部民营企业的 84.22%；外资企业 170 家中有 119 家实施了股权激励，占全部外资企业的 70.00%；混合所有制及其他企业 175 家中有 121 家实施了股权激励，占全部混合所有制及其他企业的 69.14%。在所有实施股权激励的 3135 家上市公司中，国有企业占比为 20.48%；民营企业占比为 71.87%；外资企业占比为 3.80%；混合所有制及其他企业占比为 3.85%。

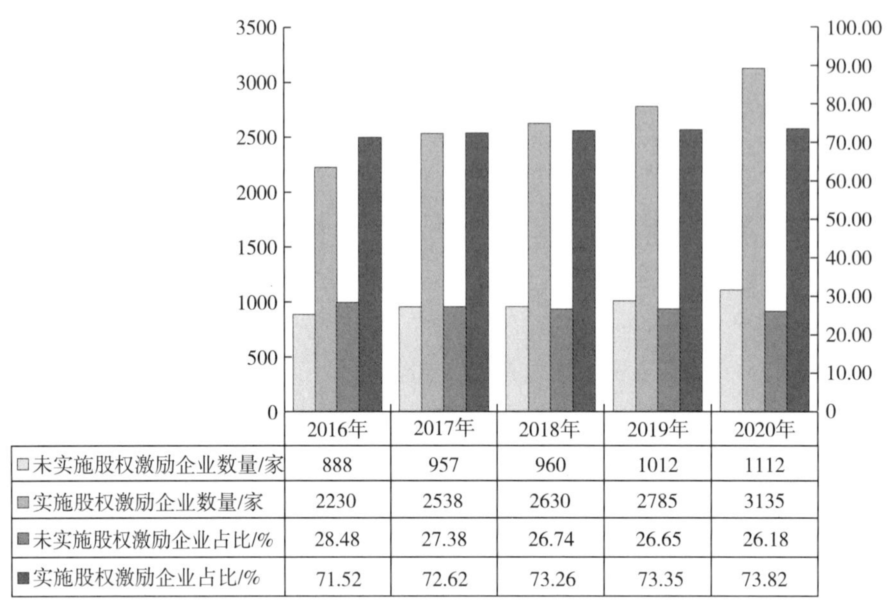

	2016年	2017年	2018年	2019年	2020年
未实施股权激励企业数量/家	888	957	960	1012	1112
实施股权激励企业数量/家	2230	2538	2630	2785	3135
未实施股权激励企业占比/%	28.48	27.38	26.74	26.65	26.18
实施股权激励企业占比/%	71.52	72.62	73.26	73.35	73.82

图6－8　2016—2020年上市公司实施股权激励企业数量及比例汇总

数据来源：根据国泰安CSMAR数据库整理计算。

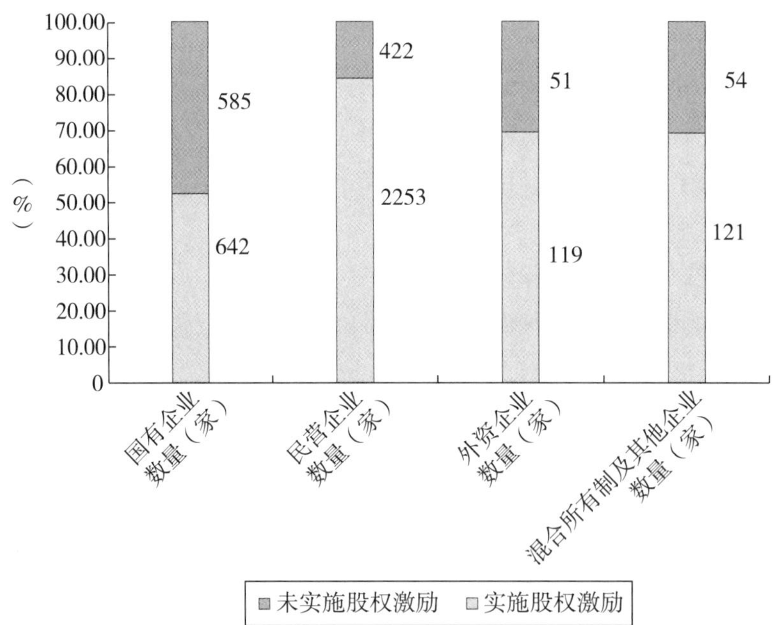

图6－9　2020年各类上市公司实施股权激励情况

数据来源：根据国泰安CSMAR数据库整理计算。

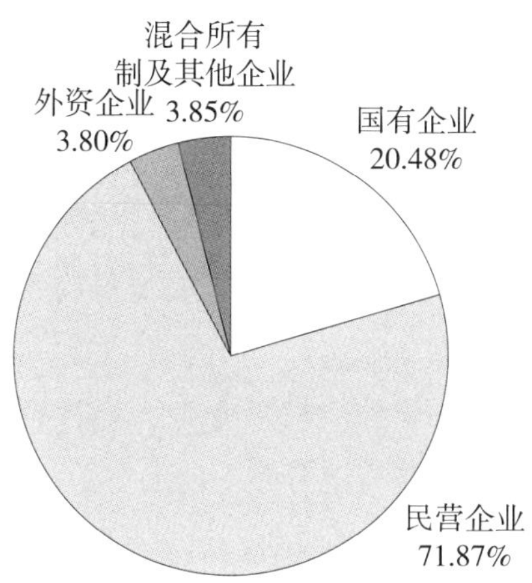

图6－10　2020年上市公司中实施股权激励的各类企业占比情况

数据来源：根据国泰安CSMAR数据库整理计算。

从2016—2020年中国上市公司中国有企业和民营企业实施股权激励的变化趋势对比分析来看（如图6－11所示），民营企业作为中国较早一批开始实施股权激励的企业，在数量上长期占据领先地位。随着混合所有制的推进，国有企业也开始实施股权激励。但是，国有企业实施股权激励的发展进程明显落后于民营企业，原因是在实施股权激励的过程中，相较于民营企业，国有企业需要应对更多规则和阻力。比如《国有控股上市公司（境内）实施股权激励试行办法》中规定："在股权激励计划有效期内授予的股权总量，应结合上市公司股本规模的大小和股权激励对象的范围、股权激励水平等因素，在0.1%～10%合理确定。但上市公司全部有效的股权激励计划所涉

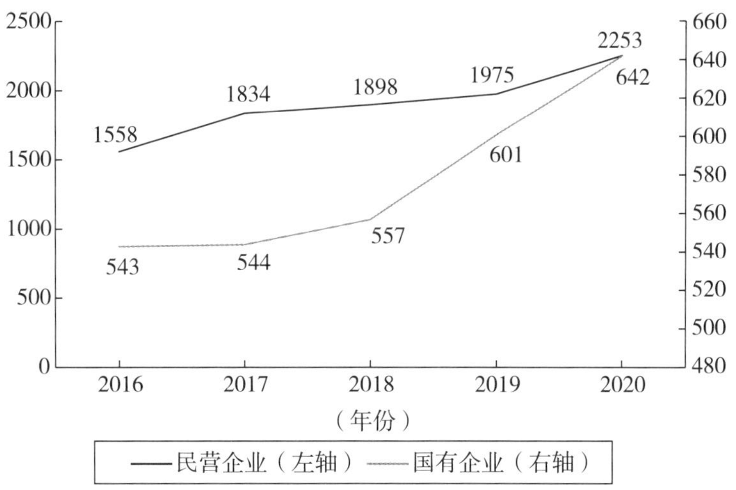

图6－11　2016—2020年上市公司中国有企业、民营企业实施股权激励趋势

数据来源：根据国泰安CSMAR数据库整理计算。

及的标的股票总数累计不得超过公司股本总额的10%。上市公司首次实施股权激励计划授予的股权数量原则上应控制在上市公司股本总额的1%以内。”而民营企业的股权激励更能展现出市场化博弈带来的成果，实现股东与激励对象的价值互享和利益共赢，切实保护投资者的合法利益。但是，随着国有企业改革进一步深入，国有企业股权激励方案推出速度加快，实施股权激励的国有企业在增长趋势上实现突破。

3. 股权激励按行业比较分析

从2020年我国A股上市公司实施股权激励部分行业分析结果来看（如图6－12所示），实施股权激励的上市公司呈现行业分布不均的态势，它们多集中在某些行业，如制造业，建筑业，交通运输、仓储和邮政业，信息传输、软件和信息技术服务业及房地产业等，行业集中度较高。制造业，建筑业，批发和零售业，信息传输、软件和信息技术服务业及房地产业，这五个行业中实施股权激励的企业占本行业上市公司总数

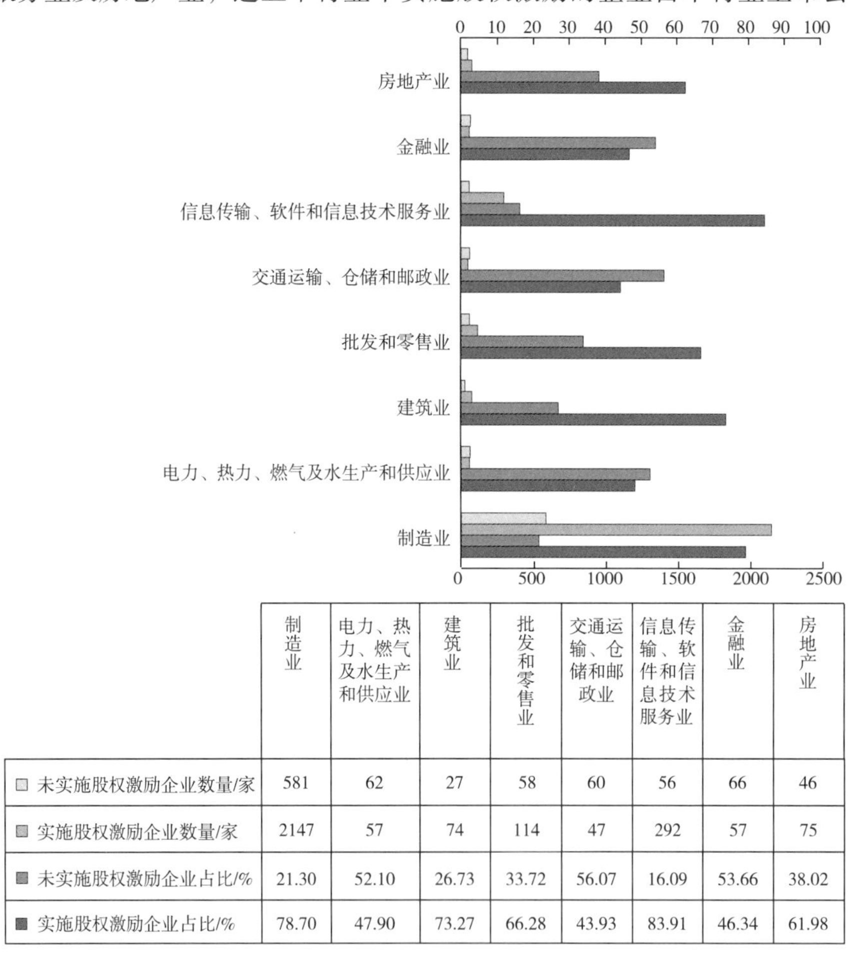

	制造业	电力、热力、燃气及水生产和供应业	建筑业	批发和零售业	交通运输、仓储和邮政业	信息传输、软件和信息技术服务业	金融业	房地产业
□ 未实施股权激励企业数量/家	581	62	27	58	60	56	66	46
■ 实施股权激励企业数量/家	2147	57	74	114	47	292	57	75
■ 未实施股权激励企业占比/%	21.30	52.10	26.73	33.72	56.07	16.09	53.66	38.02
■ 实施股权激励企业占比/%	78.70	47.90	73.27	66.28	43.93	83.91	46.34	61.98

图6－12 2020年部分行业上市公司实施股权激励情况

数据来源：根据国泰安CSMAR数据库整理计算。

的比例均超过了50%。其中，信息传输、软件和信息技术服务业实施股权激励的企业占比最高，比例为83.91%。制造业和建筑业位列第二和第三位，分别占78.70%和73.27%。

如图6－13所示，不同行业实施股权激励的国有企业和民营企业分布也呈现不均衡现象；不同行业的民营企业实施股权激励的比例普遍高于国有企业，尤其是制造业与信息传输、软件和信息技术服务业，这两个行业实施股权激励的民营企业占本行业实施股权激励上市公司总数的比例均超过75%。但是，电力、热力、燃气及水生产和供应业与交通运输、仓储和邮政行业中，实施股权激励的国有企业总数的比例远超民营企业。

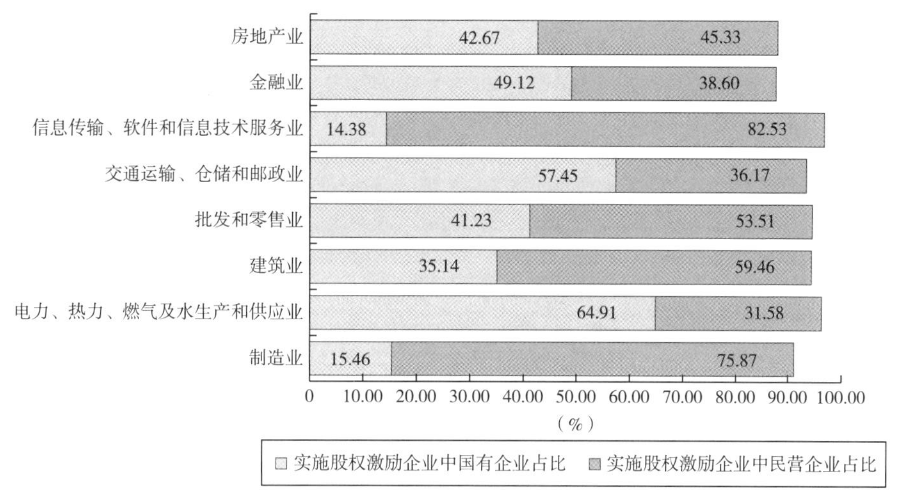

图6－13　2020年部分行业国有企业与民营企业实施股权激励情况

数据来源：根据国泰安CSMAR数据库整理计算。

4. 股权激励按区域比较分析

从我国A股上市公司中实施股权激励比例各省、自治区和直辖市统计结果来看，绝大部分省、自治区和直辖市上市公司中实施股权激励的企业数量大于未实施股权激励的企业数量，仅云南和山西的上市公司中实施股权激励的企业数量小于未实施股权激励的企业数量。其中，国有企业实施股权激励数量大于未实施股权激励的企业数量的省和直辖市为：安徽、甘肃、广东、贵州、湖北、吉林、辽宁、江西、江苏、黑龙江、山东、上海、四川、天津和浙江。

如图6－14和图6－15所示，2020年上市公司实施股权激励比例最高的地方为浙江，实施股权激励的浙江上市公司占浙江上市公司总数的比例为83.17%；比例最低的地方为山西，占比为37.84%。国有企业实施股权激励比例最高的地方仍为浙江，实施股权激励的浙江国有企业占浙江国有企业总数的比例为66.15%；国有企业实施股权激励比例占比最低的地方为宁夏，占比为14.29%。

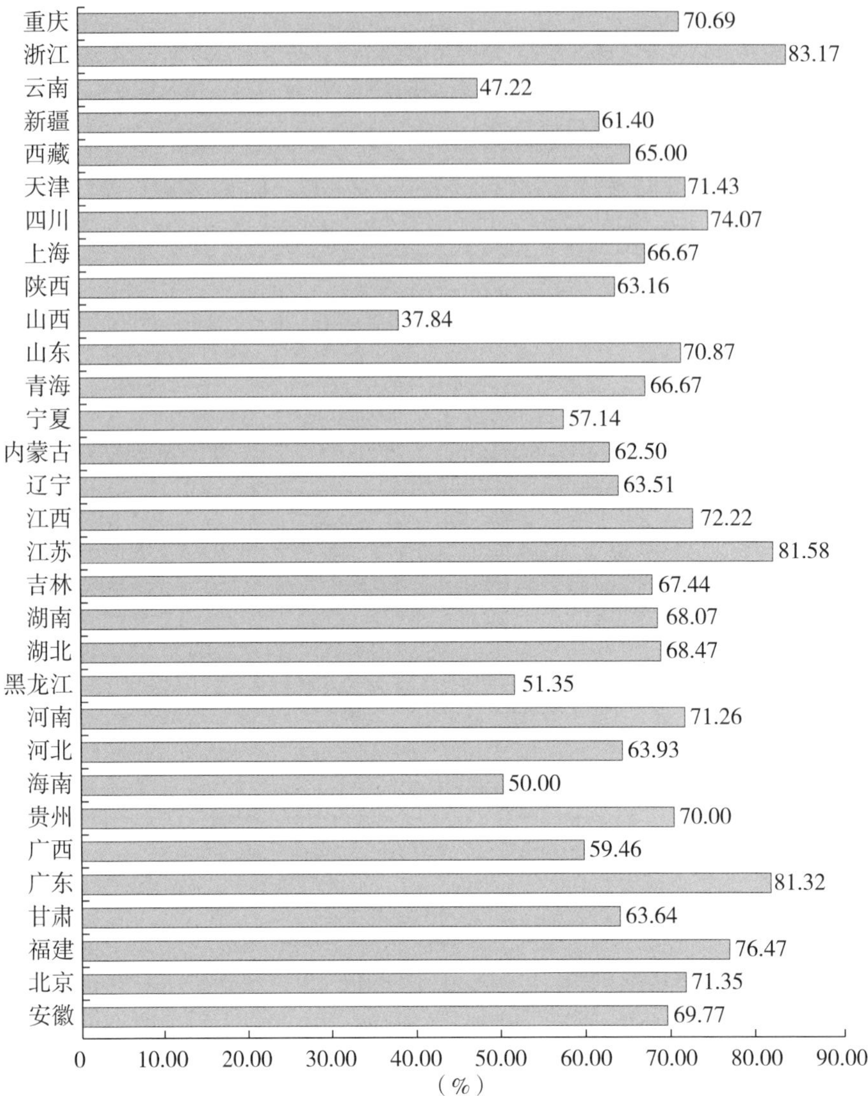

图6－14　2020年各省、自治区和直辖市实施股权激励的上市公司占比情况

数据来源：根据国泰安CSMAR数据库整理计算。

从我国A股上市公司实施股权激励占比与国有企业实施股权激励占比的对比分析的结果来看（如图6－16所示），河南上市公司中实施股权激励的企业占比高于平均值，而国有企业占比却低于平均值。这表明，河南国有企业实施股权激励落后于其他性质的企业。反之，甘肃、黑龙江、辽宁及陕西等地方上市公司中实施股权激励的企业占比低于平均值，而国有企业占比高于平均值；这些地方主要集中在西部地区和东北地区经济发展相对落后的地区。

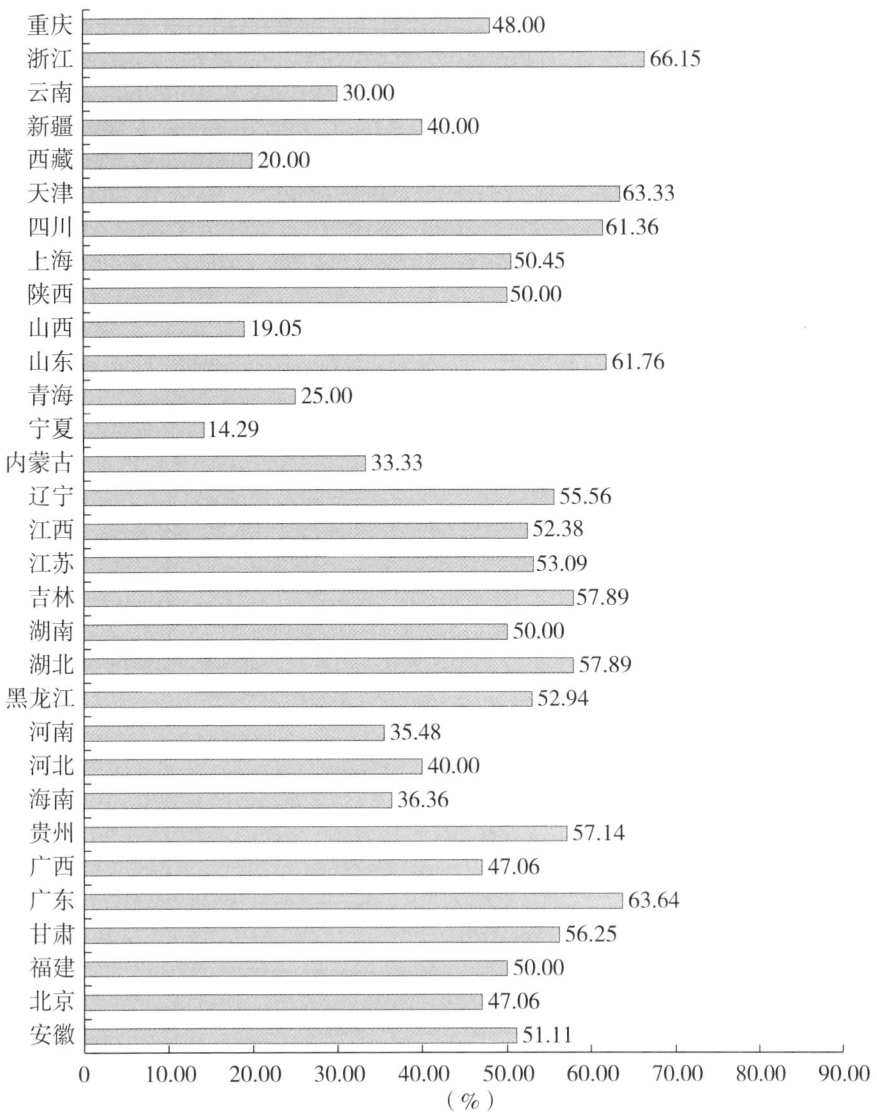

图 6－15　2020 年各省、自治区和直辖市实施股权激励的国有企业占比情况

数据来源：根据国泰安 CSMAR 数据库整理计算。

从我国 A 股上市公司实施股权激励分区域统计结果来看（如图 6－17 所示），东部地区、中部地区、西部地区和东北地区实施股权激励的上市公司数量均大于未实施股权激励的上市公司数量。东部地区实施股权激励的上市公司数量最多，实施与未实施股权激励的上市公司数量差异也最大，实施股权激励的公司数量大约为未实施股权激励的公司数量的3倍；中部地区和西部地区实施股权激励的上市公司数量较少，差异相对较小；东北地区实施股权激励的上市公司数量最少。

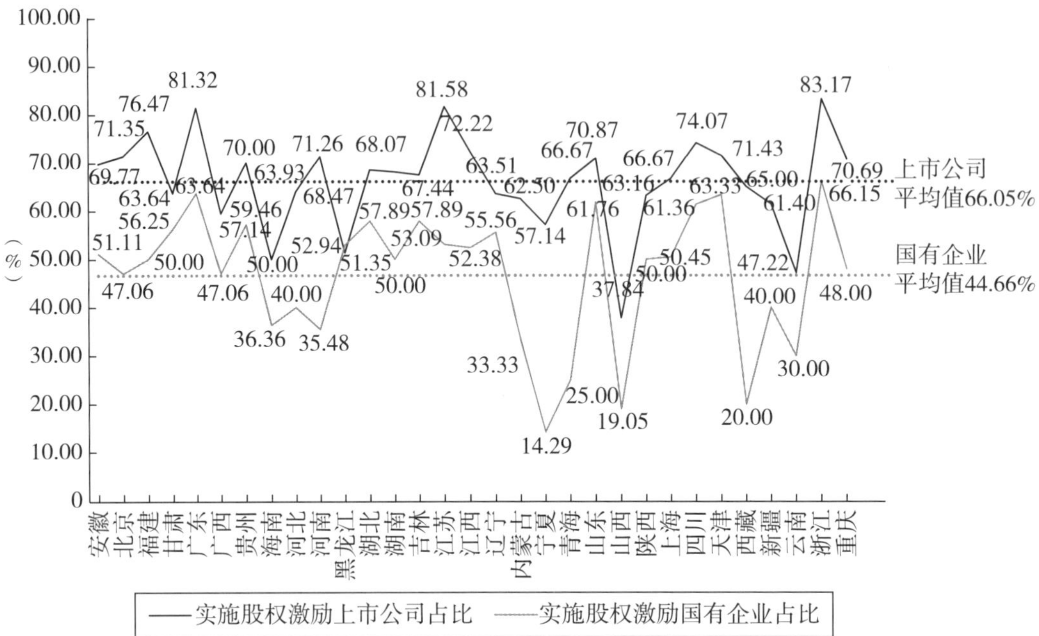

图6－16　2020年各省、自治区和直辖市上市公司与国有企业实施股权激励比较分析

数据来源：根据国泰安CSMAR数据库整理计算。

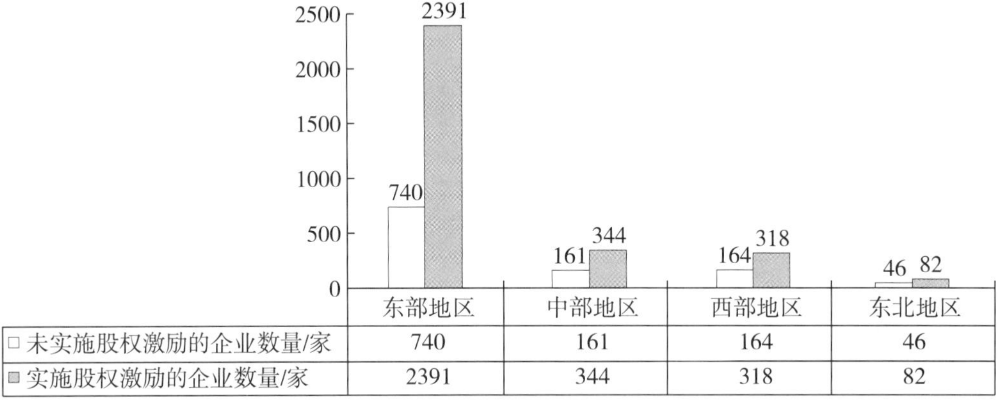

	东部地区	中部地区	西部地区	东北地区
□未实施股权激励的企业数量/家	740	161	164	46
■实施股权激励的企业数量/家	2391	344	318	82

图6－17　2020年各区域上市公司实施股权激励情况

数据来源：根据国泰安CSMAR数据库整理计算。

从2020年各区域国有企业实施股权激励数量统计结果来看（如图6－18所示），在东部地区和东北地区，实施股权激励的国有企业数量高于未实施股权激励的国有企业数量；在中部地区和西部地区，实施股权激励的国有企业数量略低于未实施股权激励的国有企业数量。

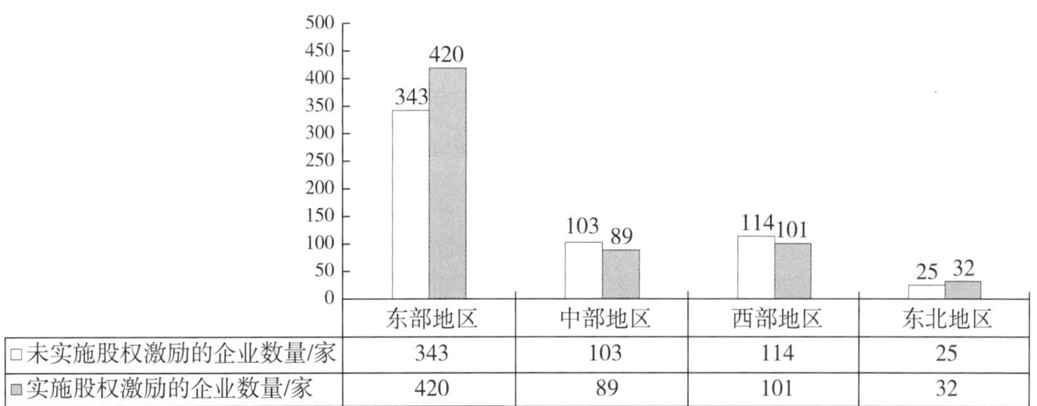

	东部地区	中部地区	西部地区	东北地区
□未实施股权激励的企业数量/家	343	103	114	25
■实施股权激励的企业数量/家	420	89	101	32

图6－18　2020 年各区域国有企业实施股权激励情况

数据来源：根据国泰安 CSMAR 数据库整理计算。

如图 6－19 和表 6－17 所示，2020 年实施股权激励的 3135 家上市公司中，东部地区实施股权激励的上市公司占全部实施股权激励的上市公司的比例为 76.27%，有 2391 家；西部地区实施股权激励的上市公司的占比为 10.14%，有 318 家；中部地区实施股权激励的上市公司的占比为 10.97%，有 344 家；东北地区实施股权激励的上市公司的占比为 2.62%，有 82 家。

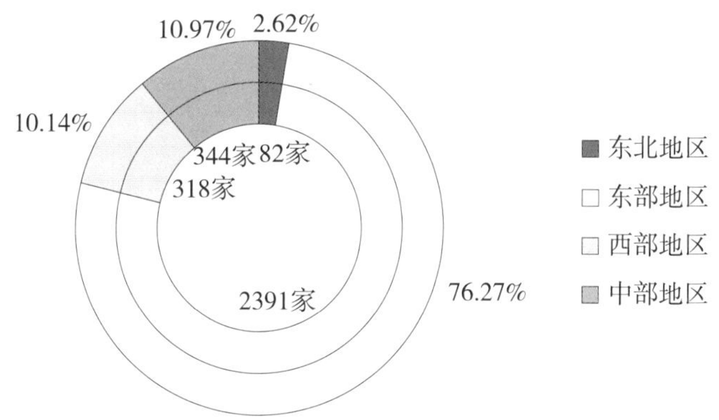

图6－19　2020 年各区域上市公司实施股权激励情况

数据来源：根据国泰安 CSMAR 数据库整理计算。

表6－17　　2016—2020 年上市公司股权激励各省、自治区和直辖市统计情况

省、自治区和直辖市	2016 年	2017 年	2018 年	2019 年	2020 年
广东	406	482	497	538	588
浙江	268	325	342	365	432
江苏	235	279	305	331	396

续 表

省、自治区和直辖市	2016 年	2017 年	2018 年	2019 年	2020 年
北京	262	281	291	315	350
上海	195	219	224	241	266
山东	117	132	138	142	161
福建	81	97	97	102	115
四川	77	84	81	87	102
安徽	59	66	68	70	85
湖北	55	60	64	69	76
湖南	54	64	66	65	72
河南	47	50	53	53	62
辽宁	42	43	42	45	43
新疆	30	29	31	33	35
河北	23	33	31	30	35
重庆	24	28	29	31	38
江西	24	26	30	30	36
天津	22	27	27	29	36
陕西	22	24	28	29	37
广西	21	22	22	21	20
吉林	21	20	20	19	24
贵州	13	18	20	20	21
云南	16	17	16	18	18
黑龙江	15	16	15	17	15
山西	17	15	17	16	13
甘肃	11	15	14	15	17
内蒙古	14	12	12	12	12
海南	13	10	11	12	12
宁夏	5	4	6	8	7
青海	4	4	6	6	6
西藏	4	4	5	5	5
合计	2197	2506	2608	2774	3135

数据来源：根据国泰安 CSMAR 数据库整理计算。

5. 股权激励占总股本比例比较分析

从 2020 年我国 A 股上市公司高管持股比例不同企业性质统计结果来看，不同企业性质间差异明显如图 6－20 所示，国有企业中高管持股的企业占全部国有企业总数的比例为 51. 91%。其中，高管持股比例小于 1% 的国有企业的占比为 43. 85%；高管持股比例在1%～3% 的国有企业的占比为 2. 93%，高管持股比例在 3%～5% 的国有企业的占比为 0. 73%，高管持股比例大于 5% 的国有企业占比为 4. 40%。

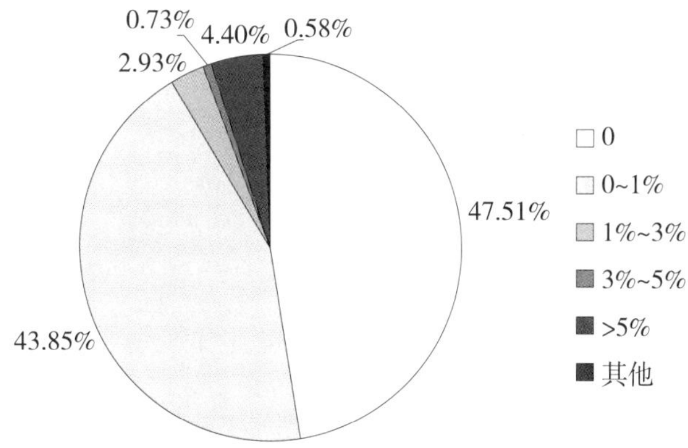

图 6－20　2020 年国有企业高管持股情况

数据来源：根据国泰安 CSMAR 数据库整理计算。

如图 6－21 所示，2020 年民营企业中高管持股的企业占全部民营企业总数的比例为 82. 58%。其中，高管持股比例小于 1% 的民营企业的占比为 24. 45%，高管持股比例在 1%～3% 的民营企业的占比为 8. 79%，高管持股比例在 3%～5% 的民营企业的占比为 4. 93%，高管持股比例大于 5% 的民营企业的占比为 44. 41%。

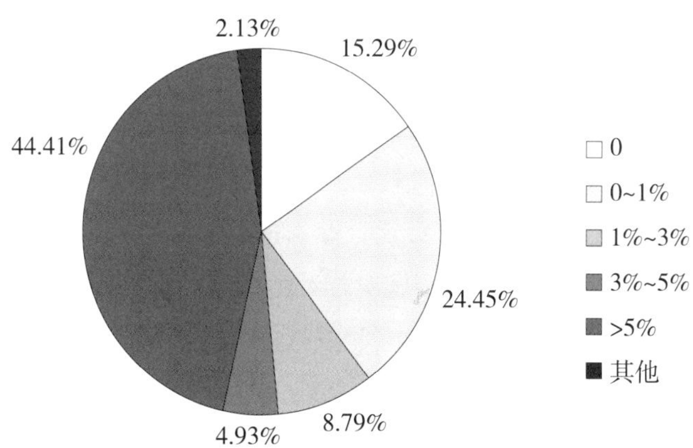

图 6－21　2020 年民营企业高管持股情况

数据来源：根据国泰安 CSMAR 数据库整理计算。

如图 6－22 所示，2020 年外资企业中高管持股的企业占全部外资企业总数的比例为 68.25%。其中，高管持股比例小于 1% 的外资企业占比为 37.65%，高管持股比例在 1%～3% 的外资企业占比为 8.24%，高管持股比例在 3%～5% 的外资企业占比为 1.18%，高管持股比例大于 5% 的外资企业占比为 21.18%。

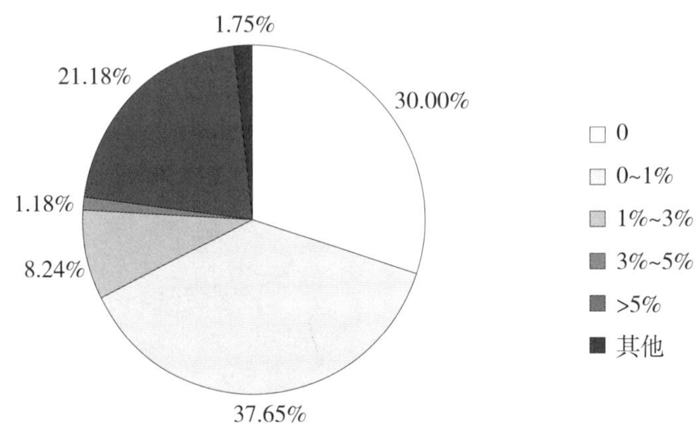

图 6－22　2020 年外资企业高管持股情况

数据来源：根据国泰安 CSMAR 数据库整理计算。

从以上统计分析来看，因为政府对国有企业实施股权激励有严格的管控，所以国有企业高管持股比例整体低于民营企业和外资企业。而民营企业和外资企业实施股权激励环境相对宽松，更能够比较灵活地运用股权激励机制来激励高管，从而达到提升企业的管理效率、降低管理成本、实现公司利益最大化的目的。

（三）上市公司高管股权激励研究分析结果

（1）从 2016—2020 年上市公司实施股权激励的情况来看，股权激励已经成为我国上市公司约束和激励高级管理人员的重要手段之一，在数量和持股比例等方面均呈现积极增长趋势。

（2）从上市公司企业性质来看，民营企业作为实施股权激励的主力军，起步和发展均领先于国有企业，国有企业建立实施股权激励机制的程度明显低于民营企业。

（3）从行业分布来看，上市公司实施股权激励存在行业分布不均的现象，主要集中在制造业及信息传输、软件和信息技术服务业等行业。其中，信息传输、软件和信息技术服务业作为新兴科技行业，非常需要通过中长期激励的手段，激励高管从长远考虑，勇于开拓创新，使企业在激烈的市场竞争中占有一席之地。因此，信息传输、软件和信息技术服务业中实施股权激励的企业占比是较高的。

(4)从区域分布来看，实施股权激励的上市公司区域分布不平衡，存在聚集现象。大多数实施股权激励的上市公司集中在经济发达的东部地区，而东北地区实施股权激励的上市公司的数量是最少的。

(5)从不同企业性质的上市公司高管持股比例情况来看，由于国有企业受到政府对持股比例的限制与监管，高管持股超过5%的国有企业的占比仅有4.40%；而高管持股超过5%的民营企业的占比高达44.41%，约为国有企业的10倍。

三、上市公司高管薪酬和股票期权激励相关建议

(一) 高度重视行业和地域差异，注重均衡发展

根据对上市公司高管薪酬和股权激励情况的研究分析发现，上市公司高管薪酬水平和实施股权激励呈现非常明显的行业差异和地域差异。这映射出行业或地域在整体经营水平、管理意识与管理能力等方面存在的差异。这些差异如果不及时予以控制，会导致差距越来越大，从而造成在某些行业或地域高管人才的严重流失。因此，社会各方应高度重视行业和地域的差异。

《中华人民共和国国民经济和社会发展第十四个五年规划和二〇三五年远景目标纲要》提出，“推动区域协调发展。推动西部大开发形成新格局，推动东北振兴取得新突破，促进中部地区加快崛起，鼓励东部地区加快推进现代化。支持革命老区、民族地区加快发展，加强边疆地区建设，推进兴边富民、稳边固边。推进京津冀协同发展、长江经济带发展、粤港澳大湾区建设、长三角一体化发展，打造创新平台和新增长极。推动黄河流域生态保护和高质量发展。高标准、高质量建设雄安新区。坚持陆海统筹，发展海洋经济，建设海洋强国。健全区域战略统筹、市场一体化发展、区域合作互助、区际利益补偿等机制，更好促进发达地区和欠发达地区、东中西部和东北地区共同发展。完善转移支付制度，加大对欠发达地区财力支持，逐步实现基本公共服务均等化”。这为推动行业或区域协调均衡发展从政策上指明了发展方向。

除了国家政策引导外，政府有关部门、行业组织和企业等还应积极发挥自身作用，在学习借鉴先进的管理理念和管理经验以及吸引、引进优秀高管等方面加大力度。其中，包括积极建立职业经理人人才市场，形成职业经理人才的蓄水池；加强高管人才交流和人才引进，为引进优秀高管的企业提供适宜的生存发展环境和相应支持等。

(二) 企业应建立高管薪酬和激励对标机制

面对当前复杂严峻的经济环境，人才已经成为国家与社会各方面发展的重要影响

因素。对于企业来说，高管是企业成长发展的一个关键因素。如何让企业高管充分发挥自身能力，既满足他们的合理需求，又实现企业长远良好发展的目标，同时做到降低代理成本，是当前许多企业在制订高管薪酬激励制度时必须考虑和解决的问题。

根据对上市公司高管薪酬和股权激励情况的研究分析发现，合理与行之有效的高管薪酬激励机制能够促进高管自身能力的积极发挥，能够较好地调动高管积极性，激发其潜力，从而为进一步提高企业经营管理水平、提高资本的运营效率和经营业绩等作出更大的贡献。实践表明，企业采用高管薪酬对标和激励对标对于激发高管的积极性、主动性和创造性具有十分重要的作用。因此，企业应建立健全高管薪酬和激励对标机制，通过完善治理结构，发挥董事会职能，建立同区域、同规模、同行业、同业绩的企业高管薪酬和激励对标机制，结合企业实际情况在合理范围内设计制订具有市场竞争力的薪酬结构和薪酬标准，以便更好地吸引高素质、高水平的高管进入企业，激发其活力和创造力，为企业和社会创造更大的价值。

专题篇

本篇主要汇集近年来职业经理人的前沿研究成果，围绕职业经理人的标准、评价、激励以及能力特征等方面进行专题研究与探讨，以便为职业经理人队伍建设和制度建设提供支持和帮助。

第七章　关于职业经理人标准的研究与思考

一、关于研究制定职业经理人市场化选聘国家标准的思考

职业经理人是企业经营管理的中坚力量。市场化选聘职业经理人是提升企业竞争力、增强企业活力的重要举措和途径。通过市场化选聘职业经理人，可以优化企业经营管理模式，促进企业经营管理水平的提升，帮助企业应对环境的迅速变化带来的挑战，推进企业转型升级，提升企业的核心竞争力。当前，职业经理人市场化选聘是国企改革的热点。而对于民营企业，以市场化方式选聘职业经理人一直是人才队伍建设的核心工作。无论是国企还是民企，职业经理人市场化选聘工作都具有重要意义。

（一）标准制定的必要性

1. 体现国家政策导向

落实董事会的选人用人权、推行职业经理人制度是近年来国企改革的重点，而市场化选聘职业经理人是其中很关键的一环，党和政府出台的一系列的政策文件充分反映了其重要意义。2013 年，党的十八届三中全会通过的《中共中央关于全面深化改革若干重大问题的决定》指出，“建立职业经理人制度，更好发挥企业家的作用”“国有企业要合理增加市场化选聘比例”。2015 年，中共中央、国务院印发的《关于深化国有企业改革的指导意见》提出“推行职业经理人制度，实行内部培养和外部引进相结合，畅通现有经营管理者与职业经理人身份转换通道，董事会按市场化方式选聘和管理职业经理人，合理增加市场化选聘比例”。2016 年，中共中央印发的《关于深化人才发展体制机制改革的意见》提出“合理提高国有企业经营管理人才市场化选聘比例，畅通各类企业人才流动渠道”。2018 年，中共中央办公厅和国务院办公厅印发的《关于分类推进人才评价机制改革的指导意见》提出，“建立社会化的职业经理人评价制

度”。所以，制定职业经理人市场化选聘相关国家标准符合国家政策导向。

2. 反映企业的普遍需求

在市场化选聘职业经理人的过程中，很多企业存在着选聘需求不清晰、流程不规范、技术工具不匹配、配套管理制度不完善，乃至在选聘过程中出现管理混乱等现象，导致职业经理人选聘结果不够理想，给企业埋下隐患，甚至造成巨大损失。正是因为选聘失败可能会造成负面影响，不少企业在面对职业经理人市场化选聘需求的时候心存疑虑，犹豫不前，以致错失发展机遇。在这样的背景下，亟待制定职业经理人市场化选聘国家标准，以规范企业职业经理人市场化选聘的相关工作，帮助企业通过规范、科学和有效的选聘流程、方法与技术等，提升市场化选聘的成功率，选好、聘好职业经理人，助力企业健康持久发展，为推进社会经济发展作出积极的贡献。

3. 符合国家标准化体系建设发展规划的要求

国务院办公厅在2015年12月印发的《国家标准化体系建设发展规划（2016—2020年）》中提出，“围绕经济、政治、文化、社会和生态文明建设重大部署，合理规划标准化体系布局，科学确定发展重点领域，满足产业结构调整、社会治理创新、生态环境保护、文化繁荣发展、保障改善民生和国际经贸合作的需要”“加快标准化在经济社会各领域的普及应用和深度融合”“需求引领，系统布局”“加强经济建设标准化，支撑转型升级”。从文件精神可以看出，国家标准化体系建设发展规划的重点首先落在促进经济发展上。制定职业经理人市场化选聘相关国家标准是标准化工作在企业管理领域的发展需求，符合《国家标准化体系建设发展规划（2016—2020年）》的要求。

4. 填补国家标准在该领域的空白

截至2021年，国内尚没有类似的国家标准。首先，在职业经理人领域，没有涉及市场化选聘或者招聘的专门标准。在相关领域，只有两项国家标准，其中一项是涉及猎头服务的高级人才寻访服务规范国家标准，但内容与企业实施职业经理人的市场化选聘工作存在较大差异；另外一项是现场招聘会服务规范国家标准，适用于人力资源服务机构开展现场招聘会服务工作，同样与企业进行职业经理人市场化选聘工作没有太大的相关性。所以，制定职业经理人市场化选聘相关国家标准可以填补该领域的空白，具有重要意义。

（二）标准制定的可行性

制定职业经理人市场化选聘相关国家标准需要考虑时机是否成熟。从宏观层面看，可以从技术可行性和经济合理性两个方面分析判断。

1. 技术可行性

职业经理人市场化选聘的核心技术是经营管理人才考评技术。科学的人才考评技术发展到今天已经趋于完善，对于不同类型人员考评的方法技术也基本发展成熟。职业经理人考评主要涉及笔试、面试、评价中心、心理测验、工作样本测试、履历分析及背景调查等技术。这些技术无论从理论还是从实践的角度都已经过长期检验，符合主流技术的发展方向，既被证明是可靠的，也适用于职业经理人群体。同时，这些技术都属于管理及测评界的专家学者长期研发的公开技术，不存在专利风险。此外，人才考评技术的发展相对来说已趋于成熟和稳定，这些技术被类似技术替代的可能性微乎其微。

在当前的技术条件下，实现标准没有太大的难度。目前，企业存在的主要问题不是相关技术不成熟造成的，而是对这些技术缺乏了解或不够重视、使用不规范以及实施人员缺乏资质等原因造成的。因此，相关标准制定工作中除了强调技术要求外，还需要通过积极引导和规范管理来提升企业市场化选聘活动的质量。

2. 经济合理性

相对而言，采用科学、规范的方式进行职业经理人市场化选聘，可能会增加测评技术工具开发费用、专家费及管理费用，但这些成本相较于企业支付给职业经理人的薪资，是绝大多数企业完全有能力承担的。另外，由于不规范的职业经理人市场化选聘导致的用人不当给企业造成的损失是不可估量的。因此，从规避企业风险的角度来看，科学、规范的选聘成本是必要且合理的，并在一定程度上可降低企业选人用人风险及带来的损失，产生良好的经济效益和社会效益。

（三）标准制定的意义

1. 帮助企业规范职业经理人市场化选聘工作，促进选聘结果的公平公正性和适用性

相关标准的制定可以为企业的职业经理人市场化选聘工作提供方向依据和行动准则，引导企业厘清需求、规范流程、科学合理选择技术工具，降低用人不当的失误率，提升选聘结果的成功率，促进实现选聘的公平公正性，有助于企业选拔出真正符合实际需要的职业经理人。

2. 为政府有关部门监管相关工作提供参考依据

近年来，政府有关部门出台了不少关于职业经理人市场化选聘及职业经理人制度建设的政策文件。各地也在积极落实相关政策精神，从开展职业经理人市场化选聘试点工作到扩大试点，逐步增加市场化选聘企业经营管理者的比例。这类标准的制定可以为政府相关部门监管有关工作提供有价值的参考依据。

3. 提升职业经理人相关中介组织和社会组织的服务质量

目前，从事企业职业经理人市场化选聘的中介机构及相关社会组织存在着良莠不齐、管理不规范、服务质量缺乏评价标准等问题。相关标准将为规范这一行业的管理、提升整体服务质量提供方向和准则，对于行业的健康发展具有重要意义。

4. 发展和完善职业经理人相关国家标准体系

在现有的职业经理人国家标准体系中，主要包括术语、考试测评方法技术及考试测评内容等方面的基础标准。职业经理人市场化选聘相关国家标准是对基础标准的延伸和重要应用。这类标准的制定，意味着标准体系从基础领域扩展到应用领域，填补了相关空白，是标准体系不断发展完善的成果。

5. 引导企业建立健全相关管理制度，提升企业竞争能力

相关标准在规定职业经理人市场化选聘有关内容的同时，也可以引导企业营造适合职业经理人生存的环境。按照现代企业制度的要求，建立健全由股东代表大会、董事会、监事会和高级经理人员等组成的相互依赖又相互制衡的企业治理结构，完善与职业经理人相关的配套管理制度体系将有助于提升企业管理水平和竞争力。

（四）标准制定的有关建议

要制定符合企业需求、能够解决目前存在的问题，并具有广泛应用价值的职业经理人市场化选聘相关国家标准，需要注意以下几个方面。

1. 应进行广泛的理论研究

起草单位应把职业经理人领域和企业人力资源相关的理论研究作为重点工作，对于相关政策、职业经理人产生的历史与定义、国内职业经理人现状、职业经理人与企业间的关系，以及企业人力资源相关领域，尤其是招聘领域的相关内容进行系统研究，为标准制定打下坚实的理论基础。

2. 应具备良好的技术基础

起草单位必须具备良好的企业经营管理人员测评技术水平，对于技术理论、技术工具、技术平台都应具有深厚的积淀并经过长期的实践检验，能准确把握技术的发展趋势，并对其应用价值与局限性有着深刻的认识，以便为相关标准的制定打下良好的技术基础。

3. 应熟悉企业的需求

要制定具有实用性的相关标准，起草单位在帮助企业开展市场化选聘职业经理人或企业经营管理人员方面，应具备丰富的实践经验，熟悉国内不同性质、不同地域、不同行业的企业运营状况，以及企业对不同岗位和层级经营管理人才的需求，了解企业在市场化选聘过程中的难点及存在的问题，并在帮助企业解决问题的过程中，不断总结经验，为相关标准的制定打下广泛的实践应用基础。

4. 应进行广泛的调研论证

起草单位在标准前期预研的过程中及标准草案形成后，应通过多种方式对各层面的企业进行大量调研，并征求政府相关部门、科研院所及有关社会组织等方面的意见，在综合分析各方意见的基础上，不断完善相关工作，通过多轮、多次广泛调研的过程，为标准的普遍适用性提供有力保障。

5. 应注意标准体系建设

由于管理类标准的复杂性，以及企业的差异性，在制定第一个职业经理人市场化选聘国家标准时，应避免求全思想，不宜将内容条款规定得过细或过于刚性，建议先制定原则导向的工作指南。在工作指南的基础上，针对重点环节再建立系列的细化标准，通过标准体系的建设来完善该领域的标准化工作。

二、关于开展职业经理人团体标准建设的思考

随着经济全球化进程的进一步加快，中国的市场经济地位日益提升，标准化工作逐渐成为规范市场经济秩序的重要技术手段，在建设创新型国家和促进社会发展方面，发挥着越来越重要的技术支撑作用。面对越来越复杂的国内外环境，如何以标准化为引领，积极推进中国社会经济的高质量发展，成为摆在人们面前的一个重要问题。

团体标准是由团体按照自行规定的标准制定程序并发布，供团体成员或社会组织自愿采用的标准。团体标准在国外已有百余年的历史，在市场化程度较高的国家具有更加突出的表现，如美国、欧盟、日本等许多发达国家和地区，除了政府发布的标准外，还有体系比较健全、数量庞大的社会组织发布的团体标准。例如，一些在国际上具有影响力的协会：美国机械工程师协会（ASME）、美国石油学会（API）、电气与电子工程师协会（IEEE）、德国工程师协会（VDI）、英国石油学会（IP）、欧洲电子元器件协会（CECC）、挪威船级社（DNV）、日本工业标准调查会（JISC）等。其中，有许多协会制定的团体标准已经被上升为该国国家标准，还有一些协会制定的团体标准被公认为国际标准，被许多国家和地区采纳使用。

我国的团体标准发展较晚，在计划经济体制下，人们忽略了团体在标准化活动中的主体作用，主要还是以政府为主导的标准体系。此外，我国法律也未给团体标准以相应的法律地位，未赋予团体开展标准化活动的权利和职责。随着我国由计划经济体制转向市场经济体制，以及社会和市场发展的需求，有一些团体逐步开始开展制定有

关团体标准的实践，并形成了一批团体标准，用于指导成员单位生产、经销、使用、进出口等业务，为企业成员提供应对市场和技术变化的信息、方法、策略等服务。

2015 年 3 月，国务院印发关于《深化标准化工作改革方案》的通知，提出深化标准化工作改革、加强技术标准体系建设的有关要求。其中，针对标准体系不够合理和不适应社会主义市场经济发展要求的问题，提出把政府单一供给的现行标准体系，转变为由政府主导制定的标准和市场自主制定的标准共同构成的新型标准体系。在培育发展团体标准制定主体上，鼓励具备相应能力的学会、协会、商会、联合会等社会组织和产业技术联盟协调相关市场主体，共同制定满足市场和创新需要的标准，供市场自愿选用，增加标准的有效供给。

2016 年 3 月，国家质监总局、国家标准委印发《关于培育和发展团体标准的指导意见》，明确了发展团体标准建设的基本原则、主要目标、管理方式等内容，提出由国务院标准化行政主管部门组织建立全国团体标准信息平台，加强信息公开和社会监督。

2016 年 4 月，国家质检总局、国家标准委发布实施的《团体标准化　第 1 部分：良好行为指南》（GB/T 20004. 1—2016）提出团体标准化活动的一般原则、团体标准的制定程序和编写规则等方面的操作指南。

2017 年 11 月，新修订颁布的《中华人民共和国标准化法》规定，标准包括国家标准、行业标准、地方标准和团体标准、企业标准。首次确立了团体标准的法律地位，标志着我国新的标准体系的形成。

2017 年 12 月 15 日，国家质检总局、国家标准委、民政部印发的《团体标准管理规定（试行）》，对团体标准的制定、实施、监督等内容进行具体规定，鼓励社会团体参与国际标准化活动，推进团体标准国际化。鼓励各部门、各地方在产业政策制定、行政管理、政府采购、社会管理、检验检测、认证认可、招投标等工作中应用团体标准。鼓励各部门、各地方将团体标准纳入各级奖项评选范围。这为团体标准的管理提供了指导依据，也为规范、引导和监督团体标准化工作提供了指引。该规定对团体标准建设来说是一份非常重要的规范性文件，必将持续发挥重要作用。

2021 年 4 月，国家标准委印发的《2021 年全国标准化工作要点》指出，加强对团体标准化工作的引导和规范，推动出台促进团体标准规范优质发展的指导意见，深入实施团体标准培优计划，加大重点领域优秀团体标准组织创建工作力度。其中，在加强标准制度化建设方面提出具体要求："研究起草《团体标准促进办法》，进一步规范团体标准管理，促进团体标准化工作优质发展。"体现了国家对团体标准发展工作的高度重视。同时，也反映出在市场经济条件下，仅依靠政府主导、政府出资、政府批准制定和发布标准的管理方式已难以满足飞速发展且瞬息万变的市场需求，也无法适应多角度、全方位的创新要求。团体标准作为市场自主制定的标准，在市场经济中起到了有效调节与承上启下的作用。与政府主导的国家标准、行业标准、地方标准相比，团体标准虽然不能完整或强制性地覆盖某个地区或某个行业，但其贴近市场，可以反映市场动态及市场需求。在标准制定周期上，国家标准、行业标准、地方标准的平均制定周期大约为两年，团体标准能省略繁复的立项和审批程序，整个制定周期可大大缩短，既避免制定出的标准与市场需求脱节，又可加快标准制定速度、增加标准有效供给。与企业标准相比，团体标准被更多的单位遵守，应用范围更广，市场接受程度更高。

目前，中国标准化及相关行业主管部门、行业协会、地方政府等都在采取多种措施积极推动团体标准的发展。除了中央层面外，各级地方政府也出台了相应的贯彻落实措施。团体标准近几年在国内得到了快速发展。全国团体标准信息平台为社会团体的宣传推广工作搭建了桥梁，也为建立团体标准自我声明公开和监督制约提供了平台。据有关统计显示，截至 2021 年 8 月 31 日，共有包括广东省、山东省、浙江省、江苏省等 31 个省、自治区、直辖市的 5292 家社会团体在全国团体标准信息平台注册，其中广东省社会团体注册数最多，为 745 家。社会团体在平台共计公布 28270 项团体标准。从国民经济行业划分来看，社会团体公布的团体标准涵盖了 19 个国民经济行业分类，其中团体标准数量最多的为制造业，共 11230 项，占团体标准总数的 39. 72%；其次是农、林、牧、渔业类，建筑业类等行业。按产业和社会分布统计，其中工业类共 13880 项标准，占比为 49. 10%；服务业类共 5855 项标准，占比为 20. 71%；社会事业类共 4162 项标准，占比为 14. 72%；农业类共 4373 项标准，占比为 15. 47%。

标准化作为科研、生产、使用三者之间的桥梁，为组织现代化生产创造了前提条件，促进了社会资源和自然资源的合理有效利用，在促进经济全面发展和提高经济效益等方面具有十分重要的作用。国务院办公厅印发的《国家标准化体系建设规划（2016—2020 年）》指出，“标准是经济活动和社会发展的技术支撑”，提出了“需求引领，系统布局”的标准工作原则。

职业经理人作为专业化和职业化的经营管理人才，是引领企业健康持久发展和推动社会经济发展的关键。因此，对于开展职业经理人标准化工作，应以适应时代和企业发展为导向，以党中央和国务院等有关文件精神为指引，不断创新职业经理人标准化工作，积极发挥社会组织作用，激发市场主体活力，更好地发挥市场在资源配置中的决定性作用，加快培育和发展职业经理人团体标准，推动职业经理人事业高质量发展。

当前，政府层面主导的职业经理人国家标准、职业经理人行业标准和职业经理人地方标准的供给量尚显不足，难以很好地满足市场需求。而职业经理人团体标准既可以激发市场活力，又可以维护市场秩序。因此，积极制定按市场机制运行的职业经理人团体标准，不仅能够避免制定的职业经理人标准与市场需求脱节，而且能加快职业经理人标准的制定速度、增加职业经理人标准有效供给，还可以发挥职业经理人团体标准的市场需求响应及时与推广高效等优势，更好地发挥职业经理人团体标准在宏观调控、社会管理、公共服务、市场监管等方面的作用。此外，培育发展职业经理人团体标准，可以增强团体及企业的竞争力，使之在国际竞争中处于有利的地位。

然而，社会团体主导制定的职业经理人团体标准的数量目前还比较少，并且，一些社会团体的标准化水平与管理水平不同，导致制定的职业经理人团体标准的质量参差不齐，在科学性、规范性、协调性方面存在不足。因此，针对职业经理人团体标准化工作中存在的问题，提出以下应对政策和策略建议：一要学习国外团体标准的先进经验，结合实际情况，积极探索我国职业经理人团体标准的发展规律。二要注重职业经理人标准化人才的开发与培养，对社会团体进行职业经理人标准编制方面的技术咨询培训，提升标准研制能力和水平。三要加强对职业经理人标准的监管，应对发布团体标准的社会团体加强管理，完善监管制度，实施必要的惩戒措施，坚持政府引导、社会团体主导、技术组织支撑的管理模式，推动团体标准持续健康快速发展。四要激励社会团体高标准、严要求地开展职业经理人团体标准化工作，促进各项职业经理人标准协同发展，加快形成我国特有的“政府主导”和“市场自主”协调配套的新型职业经理人标准体系。五要通过充分发挥职业经理人国家标准、行业标准、地方标准、企业标准与团体标准的协同作用，加强自律与规范市场经营行为，进一步发挥职业经理人标准引领市场的作用，促进提升职业经理人工作的整体发展水平。

第八章 评价技术在国有企业市场化选聘高级经营管理人才中的应用

一、背景调查在国有企业市场化选聘职业经理人中的应用

随着国企改革不断深入，以及中国特色现代企业制度建设的持续推进，市场化选聘职业经理人已经成为国有企业人事制度改革和全面推行职业经理人制度的重要突破口。

组织考察或背景调查是国有企业市场化选聘职业经理人的流程中一个必不可少的重要环节之一。组织考察主要是依据岗位资格条件和职责要求，全面考察候选人在德、能、勤、绩、廉等方面的表现，突出政治标准，深入考察候选人的政治忠诚、政治定力、政治担当、政治能力、政治自律等方面情况，严把政治关、品行关、能力关、作风关、廉洁关。背景调查主要是通过各种合理合法的调查方法及途径，获取候选人的基础信息、工作履历、工作能力及工作表现等，并将获得的信息与候选人提供的应聘简历及面试等环节获取的各种信息进行对比和补充，形成对候选人的综合评价，为企业是否最终聘用候选人提供参考。

在市场化选聘职业经理人的过程中，国有企业通常会根据候选人情况，首选组织考察，对于不具备组织考察条件的进行背景调查，或者是将组织考察和背景调查结合起来使用。下面，重点讨论国有企业市场化选聘职业经理人入职前的背景调查问题。

（一）为什么要开展背景调查

国有企业市场化选聘职业经理人往往需要经历复杂的简历筛选、笔试、面试、心理测评、体检等多个环节，但是很多职业经理人在入职后一段时间内，可能会因为各种原因主动离职或被辞退，直接导致大量的前期工作和投入无功而返。同时，由于国有企业市场化选聘的职业经理人职位层级通常较高，能够掌握企业的很多核心资源和

商业秘密，离职或被辞退的过程复杂且影响较大。因此，若职业经理人选聘失败可能会导致企业关键资源和信息流失，并产生解雇纠纷等隐形且无法衡量的成本，给企业造成难以弥补的损失。

鉴于上述原因，通过多种手段对职业经理人进行全面了解和评价，从而甄选出适合企业文化和符合岗位要求的候选人就显得尤为重要。但是，通常企业在选聘职业经理人的过程中，与候选人直接接触的时间是非常有限的，对候选人进行全面、准确的了解和评估的难度很大。例如，有些职业经理人可能会通过简历造假或美化来增加自身的吸引力；有些“身经百战”的职业经理人在面试过程中侃侃而谈，表现优秀，然而由于较短的面试时间及面试试题和面试考官等各方面因素，可能导致候选人具备的真实能力和工作业绩难以被准确评价。因此，除了不断优化各种考评手段以提高职业经理人选聘的有效性之外，在候选人正式入职前进行背景调查是保证职业经理人选聘成功的重要保障之一。

背景调查不仅涉及候选人个人信息的真实性，还能够为企业对候选人的道德、诚信进行判断提供依据。同时，通过背景调查还能了解候选人的优缺点，更有利于企业选择合适、可靠的职业经理人，规避胜任力风险、法律风险、职业操守风险和成本风险等，既为企业节省不必要的花销，也避免对企业造成损害。因此，在目前我国职业经理人信用体系尚不健全的情况下，背景调查如同市场化选聘职业经理人的一道“防火墙”，是市场化选聘职业经理人流程中一个必不可少的重要环节之一。

（二）如何进行背景调查

国有企业在进行市场化选聘职业经理人的背景调查时，一般有两种方式：一种是自主进行调查，即由企业的组织人事部门对候选人的各方面信息进行调查核实；另一种是与专业的第三方背景调查机构合作，聘用专业的调查团队对候选人进行背景调查。当选聘的职业经理人层级相对较低或出于成本控制考虑时，通常会由企业的人力资源管理部门自主进行背景调查。当企业规模较大、选聘的职业经理人层级较高时，通常会选择与专业的第三方背景调查机构合作完成背景调查，以第三方机构出具的背景调查报告为聘用与否的重要参考。相较于企业自身开展的背景调查，第三方背景调查机构更具专业性。

下面以第三方背景调查机构为例，简要介绍背景调查的基本步骤，企业组织人事部门自主进行背景调查时，可参考开展相应工作。

第一步：与企业进行沟通，明确需要调查的重点和具体内容。全面了解选聘的岗位职责和任职要求，获取需要进行背景调查的候选人的基本信息，包括简历、身份证及各种资格证书的扫描件，以及在前期简历筛查或者选聘考评过程中发现的需要在背景调查中重点关注、核实的问题。根据企业的实际情况，明确背景调查的重点和具体内容。

第二步：获得背景调查授权和基本资料。与候选人进行联系，告知候选人根据其应聘企业的委托授权将对其进行背景调查，并要求候选人通过邮件或其他方式提供以下材料：①手写签字的《背景调查授权书》；②身份证件及已获得的最高学历毕业证/学位证及相关资格证书扫描件（如之前已提供，则无须再要求候选人提供）；③履历信息表，包括最近就职的2～3家单位名称和证明人信息（人力资源负责人或其他指定的背景调查联系人，以及直接上级、同级、下级或财务相关人员的姓名、职位和联系方式）；④工资流水证明或其他工资证明材料（可根据企业需要，考虑是否要求候选人提供）。

第三步：基本信息核实。根据候选人提供的信息，对候选人的出生时间、政治面貌、学历学位、专业资格等基本信息进行全面核实。其中，身份证信息可通过全国居民身份证信息数据库核查对比，学历信息可通过中国高等教育学生信息网进行验证，学位证书可通过中国学位与研究生教育信息网验证，专业资格信息可通过相关的职称或职业资格查询网站进行验证。一些年龄相对较大的候选人的学历、学位或专业资格证书信息，可能通过网络手段无法查询，此时可要求候选人提供证明材料（证明材料需加盖学校或发证机构的公章）或直接与学校、发证机构联系，以确认其真实性。

第四步：多维度访谈。根据候选人提供的证明人信息，与原任职单位的人力资源负责人或其他指定的背景调查联系人取得联系，通过现场或电话的方式，核实候选人的基本履历信息，核心内容聚焦于工作时间的真实性、离职原因、薪资、有无违反公司制度的行为、候选人提供的证明人是否真实等。在核实清楚证明人信息后，可到候选人原单位进行现场访谈，被访谈人主要包括候选人的原直接上级、同级、下级及财务部相关人员，具体人选可根据企业需求及原单位的配合度确定。访谈内容应包括候选人在单位工作期间的职位、职级、管理人数、工作履历、职责、业绩、专业水平、管理能力、团队协作、优点、缺点、是否有竞业限制、是否有违规违纪、是否与企业有过劳动争议纠纷、离职原因、离职时的表现、综合评价等，具体的访谈内容可根据被访谈对象的不同，选取不同的重点。对于职业经理人而言，多维度访谈应重点关注职责范围、工作的绩效表现、团队协作、抗压能力、是否有竞业限制等方面的内容。某些情况下，可能无法对被访谈人进行现场访谈，此时也可采用电话或邮件的方式进行访谈。但是，由于职业经理人的职位较为重要，所以最好采用现场多维度访谈的方式，深入了解候选人的各方面信息。

第五步：违规违纪等调查。可根据企业和岗位的特殊需求，要求候选人提供无犯罪记录证明，进行法院民事诉讼及失信记录查询、负面社会安全记录查询、金融行业违规记录查询、个人工商信息记录查询等。

第六步：出具调查报告。根据以上各项背景调查获得的各方面信息，对候选人进行综合评价，出具背景调查报告，提出是否录用的建议。

（三）背景调查过程中需要注意的问题

（1）对在职的候选人进行背景调查前，要与候选人进行充分沟通，建立信任。在候选人与单位充分沟通后表示允许的情况下进行调查，或者可优先调查其已离职的单位，以免给候选人带来不便。此外，可以采用等额顺序的方式进行背景调查，即按照前期各项考评总成绩排序，由高到低依次进行，如果第一名的候选人没有通过背景调查或者主动放弃，排名第二的候选人递补进行背景调查，这样既可减少背景调查的工作量，候选人的接受度也会更高。

（2）进行背景调查前，一定要获得候选人的授权同意。国有企业或第三方背景调查机构在开展背景调查前，应要求候选人提供《背景调查授权书》签字文件，以确保调查过程符合基本的法律流程要求。未经候选人同意而获得某些隐私信息可能会触犯法律并导致与候选人关系恶化的情况。因此，在收集材料及开展背景调查之前，必须获得候选人签字同意的声明文件。为了方便后期背景调查的开展，在职业经理人的选聘公告中需明确会对候选人进行背景调查。此外，在市场化选聘过程中，企业也有义务提醒应聘者，如果通过前期的各项考评进入候选人名单，要对其进行背景调查，不愿意接受调查的候选人一般可以直接淘汰。

（3）在背景调查过程中，要限定调查问题的范围，主要对与候选人工作情况有关的问题进行调查，而与工作无关的，特别是涉及个人隐私的问题不应该在调查范围内。此外，背景调查也要在内容的广度和深度方面做好平衡，一定要避免过程漫长、内容反复的背景调查，因为这需要耗费大量的时间和精力，可能会使那些优秀的候选人被其他企业抢先录用。

（4）自主寻找环节非常重要。一份优质的背景调查报告，一定是在自主寻找联系人的基础上完成的。候选人经常会因为感觉背景调查过于神秘、不可控制，担心对自己应聘新岗位产生不利影响而主动干预或筛选访谈对象。因此，要想出具一份客观和真实的背景调查报告，自主寻找证明人是一个相对重要的环节。尤其是对职业经理人而言，某个特定行业的职业经理人是存在特定“圈子”的，可以通过自主寻找的方式获得一些更加客观的信息。

（5）保持严谨和客观的态度，慎用调查结果。背景调查并不是万能的，无法保证从各种途径得到的信息完全准确，尤其是在多维度访谈阶段获得的信息。例如，背景调查刚好选取到了对候选人有敌意或偏见的领导、同事，得到的调查结果难免有失公正。所以，在收集到不利于候选人的信息时，不能直接给候选人判“死刑”，应该从更多的途径去核实这些信息，多方验证，同时也应与候选人进行沟通，询问真相，给候选人一个解释的机会，在多方信息相互印证后再作出慎重的判断。

二、民主测评在国有企业选拔经理层成员中的应用

关于民主测评，早期文件大多使用民主评议、民意测验等概念来表示，直到1998年中共中央委员会组织部印发的《党政领导干部考核工作暂行规定》，首次正式提出了民主测评概念。随后，中共中央委员会组织部印发的关于党政领导干部的多份重要文件，都肯定了民主测评的重要意义，并且将其作为领导干部选拔任用及考核等工作的重要程序。

2018年9月，中共中央办公厅、国务院办公厅印发的《中央企业领导人员管理规定》提出，选拔任用中央企业领导人员，考察应当“综合运用个别谈话、发放征求意见表、民主测评、实地走访、查阅工作资料、同人选面谈等方式广泛深入了解人选情况”。由此可知，在考察中央企业领导人员时，民主测评是其中一种重要方式，并在国有企业人才选拔任用中具有重要作用。

（一）民主测评对国有企业选拔经理层成员的作用和意义

民主测评是发扬民主、走群众路线的有效途径，应用场景非常广泛，在公开选拔、竞聘上岗、年度考核、任期考核、推优评先、职称评定等很多方面都有应用。

国有企业在选拔经理层成员时使用民主测评，是在一定范围内，了解员工对测评对象评价意见的一种方法。民主测评既是选拔经理层成员的一个重要程序，也是防止用人失察、失误的有效措施之一。它能够了解民意，体现员工的知情权、参与权、选择权和监督权。

（1）国有企业选拔经理层成员时实施民主测评，使选拔工作加入了更多民主元素，使员工享有选拔经理层成员的知情权、参与权和选择权，体现了民主、公开的价值取向。

（2）国有企业选拔经理层成员时通过民主测评的环节，可以使选拔工作受到组织监督和员工监督，增强了经理层成员选拔工作的透明度。

（3）国有企业选拔经理层成员时使用民主测评，能够使员工切身感受到自身的民主权利，有利于调动员工的参与热情，激发其行使自身权利的积极性，使以往的少数人选转变为多数人选经理层成员，克服少数人视野的局限，更有助于经理层成员的选拔工作趋于科学化。

（4）国有企业选拔经理层成员时开展民主测评，员工以匿名方式完成评价，这种方式有利于员工表达真实看法，测评结果在一定程度上能够代表民意，反映出测评对象在员工中的公认度。

（二）如何运用民主测评选拔国有企业经理层成员

在开展经理层成员公开选拔、竞聘上岗，以及现有经营管理者向职业经理人身份转换工作中，民主测评可以作为一种测评手段，使用方式通常有以下三种：

（1）民主测评是一种筛选方式，通过民主测评的应聘人员方可参加笔试、面试等环节。这种方式可以减少参加笔试、面试人员数量，提高选聘效率。

（2）民主测评占一定权重，与笔试、面试等测评方式互为补充，使测评方式更多样化，有利于更全面地评价应聘人员。

（3）民主测评也可作为组织考察候选人的一种方式，但是对来自企业外部的候选人进行民主测评，需要候选人所在单位的配合，因此开展起来有一定的难度。

（三）如何设计国有企业选拔经理层成员的民主测评内容

科学设计民主测评内容，是提升民主测评质量的关键。民主测评经过多年的探索和实践，已经形成“德、勤、能、绩、廉”五个方面的评价内容体系。国有企业在选拔经理层成员工作中使用的民主测评，通常也是基于这五个维度进行构建的。考虑到这五个方面内容过于宽泛和抽象，测评结果容易出现偏差，因此需要在“德、能、勤、绩、廉”一级指标的基础上进行分解和细化。

（1）在细化测评内容过程中，应根据国有企业特色和选聘岗位特点设置二级指标，即测评要素，例如，“德”主要是指贯彻执行党和国家的路线、方针、政策情况，以及职业道德、个人品德方面，可以细分为政治素质和道德品质；“能”是指履行岗位的素质能力，体现在胜任岗位应具备的管理能力和专业能力；“勤”是指工作态度等方面的表现，可以细分为事业心、责任心和敬业精神；“绩”体现在工作业绩方面；“廉”体现在廉洁自律方面。针对每个测评要素，可再逐项进行细化，设置相应的三级指标，即测评要点，其内容应结合岗位实际进行行为描述，参评人员可以根据测评要点内容和相应测评标准做出评价。

（2）“德、能、勤、绩、廉”各维度权重也是民主测评内容应该考虑的一个因素。国有企业在选拔经理层时，坚持德才兼备、以德为先的基本标准，因此会在“德”“能”方面适当加大权重。此外，“能”是评价应聘人员是否胜任岗位所需要的能力素质，而“绩”是对已经取得的业绩评价，由于过去和现在干得好不代表将来在新的岗位上一定就干得好，因此“绩”在选拔中可列为次重点，权重略低于“能”。

（3）对于民主测评评分的设计，目前既有根据测评要点做出优秀、称职（合格）、基本称职（基本合格）、不称职（不合格）四个档次的评价，再进行量化转换成分数的方式；也有根据测评要点设定优、良、中、差四个档次，每个档次设置相应分数段，直接得出量化分数的方式。此外，还有基于不同行为进行等级描述划定分数段的方式，参评人员可直接评分。以上三种方式，企业可自行选择。通常情况下，对不同行为进行等级描述的方式更具体、更直观，参评人员评分更准确，但这种方式设计的难度相对较大。因此，基于测评要点方式进行评价应用更为广泛。

（四）国有企业运用民主测评选拔经理层成员时需要注意的问题

（1）结合企业实际和岗位特点设计有针对性、个性化的民主测评内容。科学合理的民主测评要素和测评要点是提高民主测评效度，确保测评结果准确的基础和前提。鉴于经理层的职位特点，民主测评的“德、能、勤、绩、廉”五个方面的测评要点应体现出一定的差异性，以增强测评的针对性和科学性。同时，民主测评内容要注意克服简单化和过于烦琐两种倾向，突出适度性。民主测评内容描述应通俗易懂，便于参评人员理解并做出评价。

（2）合理设置民主测评权重。民主测评与笔试、面试等测评方式互为补充，占一定权重时，民主测评权重不易过高，一般不超过40%。

（3）科学确定参评人员范围。在充分考虑广泛性、层次性和代表性的基础上，应保证参评人员的合理性、知情性和相关性，既要体现民主，又要解决信息不对称问题。因为参评人员的数量和测评能力直接影响测评结果。这里的测评能力指参评人员能够理解测评内容，准确把握测评要点，同时了解测评对象在工作状况、工作能力和业绩等方面足够多的信息并能做出客观判断。而参评人员范围过宽可能出现随意评价现象，过窄容易出现片面性的问题。

（4）提高参评人员认识。企业应加强民主测评目的和意义的宣传引导，使参评人员珍惜并严肃认真地行使民主权利。打消参评人员思想顾虑，正确看待民主测评，并充分认识到民主测评不仅是表达自身意愿的方式，更是行使自身民主权利的重要形式，要本着对企业、对经理层成员、对本人负责的态度，避免消极、敷衍、随意评价，提高测评分数与测评对象实际情况的关联度。

（5）建立健全民主测评监督约束机制。企业应建立健全民主测评工作责任制及责任追究制度，防止在民主测评中发生舞弊等扰乱测评秩序的行为。纪检、监察部门应参与民主测评工作的全过程，强化对民主测评工作的全程监督，确保民主测评工作依法规范运行。同时，对违反民主测评规定的行为，其结果不予认定。此外，对于民主测评工作中的举报、申诉等情况，应认真受理，坚决制止、纠正违规行为，对违反规定的有关责任人进行严肃处理。

（6）探索并完善民主测评方式和方法。企业应充分运用现代信息技术开展网上测评，提高民主测评数据处理的速度和准确度，不断提高民主测评的效率和质量。对于传统的现场民主测评，应尽量选择合适的民主测评场所，使参评人员之间能够独立思考、互不干扰为宜。在民主测评时，要留出足够的评价时间，便于参评人员进行思考和酝酿。

第九章　企业市场化经营管理人才激励比较研究

一、国有企业经营管理人才市场化薪酬激励研究

在现代企业中，人才是企业竞争的决定力量。经营管理人才是企业经营管理的核心决策者和执行推动者，对企业来说具有重要的战略地位。随着国有企业改革进入深水区，经营管理人才市场化的趋势不可避免。经营管理人才市场化实现途径相对容易，但这些人才进入企业后，如何激发其实现价值，如何对其进行激励才是改革难点。在国有企业改革不断推进的大背景下，如何更好地推进薪酬激励制度落地，也是国有企业面临的十分重要又亟待解决的问题。因此，研究市场化经营管理人才薪酬激励具有重要的现实意义。

（一）市场化经营管理人才的薪酬激励制定依据

自20世纪二三十年代以来，许多管理学家、心理学家和社会学家结合现代管理的实践，从不同角度提出激励理论来研究探索激励的最佳方式。需求层次理论认为，员工忠诚度与其需求被满足的程度有关，了解员工对于职场的需求，并依据需求进行员工管理，才能更好地实现对员工的激励。双因素理论认为，当工作中包含了挑战性、责任感、成就感、自觉性和发展可能性等因素时，才会对人产生激励作用，一个人的工作绩效取决于工作中是否包含激励因素。期望理论认为，员工在达到预期目标后，会期望得到适当的奖励，如奖金、提拔机会、赞赏等。如果员工为企业作出了贡献，并获得适当及时的奖励或报酬，能使员工以更大的热情投入到工作中；相反，员工没有获得有效及时的物质或精神奖励，其工作积极性就会被抑制……激励理论发展到今天，已经在一些观点上达成共识，那就是一个企业需要建立相对公平有效的薪酬激励制度。在实践中，国有企业确定公平的激励制度时，可以着重从以下几个方面入手。

（1）基于人才市场定价，使企业的薪酬具有外部竞争性，以吸引业内优秀的人才进入企业。在人才市场定价方面，企业需要选取合适的对标企业。选取对标企业，要充分考虑企业未来的战略规划，选取相同或相似的行业，根据目前企业发展情况和未来的人才战略，选取合适的薪酬分位值。以谷歌公司薪酬对标为例，其董事会在选择对标企业时，主要考虑五个因素：一是相同或类似的行业，谷歌公司选择的对标企业必须是高科技或网络媒体行业；二是要选择市场上那些主要的人才竞争对手；三是选择业务高增长的企业，对标企业的收入必须超过谷歌公司收入的50%，或者两年内员工人数的增长幅度超过谷歌公司的50%；四是选择年收入超过250亿美元的企业；五是选择市值超过1000亿美元的企业。按照上面的五个标准，谷歌公司董事会于2019年选择了12家企业作为薪酬对标企业。而且谷歌公司的薪酬对标企业每年都会变化，也会参考标准普尔500指数中的其他上市企业，以及一些在行业中领先的未上市的科技创业企业进行薪酬对标。

（2）基于内部公平原则，进行岗位价值和人的能力的评估，形成一套基于岗位价值评估和人的能力评估的薪酬体系。在进行岗位价值评估过程中，要基于岗位责任、任职资格、工作复杂度、工作难度等进行评价，以此来确定岗位的价值。在进行人的能力评估的过程中，要充分考虑人才稀缺性、不可替代性及资源掌握性等元素来确定人的价值，充分关注重点核心人才价值和贡献的评估，进而在薪酬和激励方面有所倾斜，以免发生关键核心人才流失的现象。

（3）基于个人绩效考核结果，形成根据目标完成情况进行及时奖励的薪酬激励机制。有研究表明，美国大约四分之三的CEO的薪酬与企业股价相关。这种与股票价格挂钩兑现高管薪酬的方式，直接地反映了投资人利益回报的状况，也很好地反映了企业价值的提升情况。但是需要说明的是，在目前我国证券市场发展不成熟的情况下，单一依靠股票价值来衡量经营管理团队的经营业绩，进而兑现薪酬是不合适的。我国国有企业经营管理人员的薪酬兑现，既要结合企业的战略目标完成的情况，也要结合企业核心价值的提升和投资人利益回报等多种因素。

（4）基于企业长远发展，充分考虑企业短期效益和长远发展来确定薪酬构成。以谷歌公司为例，其CEO的薪酬和激励由基本工资和股票两个部分组成。谷歌公司CEO和普通员工的薪酬结构不同，没有年度现金奖金。谷歌公司董事会认为，一年的时间太短，希望CEO用更长远的眼光考虑公司的发展和关注长期股东价值。因此，选择以多年期的限制性股票作为其长期激励。

（二）国有企业制定市场化经营管理人才薪酬激励应关注的问题

首先，市场化经营管理人才行业薪酬水平并不平衡。某些行业薪酬平均水平水涨船高，人才大量涌入；而某些行业，尤其是一些传统行业，薪酬水平较低，不得不面对人才大量流失的状况。2019 年美国高管薪酬指数排名，特斯拉 CEO 埃隆·里夫·马斯克以 5.953 亿美元荣膺薪酬最高的高管，苹果 CEO 蒂姆·库克以 1.337 亿美元排名第二，排在第三位的是特许通信公司 CEO 汤姆·拉特利奇。薪酬排行前十的高管还有三位来自科技行业，分别是：Alphabet CEO 桑达尔·皮查伊、微软 CEO 萨提亚·纳德拉和英特尔 CEO 罗伯特·斯万。在这个薪酬排行榜中，科技类公司的占比超过一半以上。国内企业高薪酬者主要集中在 IT、金融、房地产等行业，传统行业普遍薪酬较低。因此，从薪酬水平来看，传统企业引入优秀的市场化经营管理人员是难有优势的。另外，与民营企业相比，国有企业机制相对僵化，全面实施市场化薪酬和激励制度还存在着诸多限制。因此，一味追求薪酬水平高分位值或中分位值对标在某些国有企业实践中还难以实现。国有企业还是要根据自身的情况来确定薪酬水平，这肯定是一个矛盾的过程。不过，相比薪酬市场化对标、高额激励等手段，国有企业首先应通过自身文化建设，依靠平台优势等吸引并留下优秀的经营管理人才。因为，人才对职场的需求不仅有物质奖励，还有环境、发展可能性等需求。

其次，在市场化薪酬难以满足需求的情况下，国有企业应积极推进中长期激励制度。目前国有企业对市场化经营管理人员基本上采取基本工资加绩效工资或年薪加奖金的薪酬模式，激励手段比较匮乏，远远不能满足引进人才的需要。虽然股权激励是很好的中长期激励方式，但是政策限制、操作相对复杂、股票价值难以反映经营成果等因素，导致股权激励目前还未能成为国有企业激励经营管理人才的主要手段。因此，国有企业如需对紧缺的经营管理人才实施激励，可以先采取超额利润分享机制，在新业务、创新业务和增量任务的超额部分实施激励，或在特定项目上采取跟投等激励模式。

（三）国有企业激励政策还需进一步明确

近年来，国家层面推进对经营管理人员激励的相关政策已经逐渐明晰。2013 年《中共中央关于全面深化改革若干重大问题的决定》提出“允许混合所有制经济实行企业员工持股”“建立长效激励约束机制”。2015 年，《中共中央、国务院关于深化国有企业改革的指导意见》提出“企业内部的薪酬分配权是企业的法定权利，由企业依法依规自主决定，完善既有激励又有约束、既讲效率又讲公平、既符合企业一般规律又体现国有企业特点的分配机制”“对市场化选聘的职业经理人实行市场化薪酬分配机制，可以采取多种方式探索完善中长期激励机制”“探索实行混合所有制企业员工持股。坚持试点先行，在取得经验基础上稳妥有序推进，通过实行员工持股建立激励约束长效机制”。2016 年，财政部、科技部、国有资产监督管理委员会联合印发了《国有科技型企业股权和分红激励暂行办法》，明确了国有科技型企业实施股权和分红激励。2017 年，国家发展和改革委员会发布的《关于深化混合所有制改革试点若干政策的意见》指出“积极推进混合所有制改革试点企业员工持股，有效实现企业与员工利益和风险绑定，强化内部激励”。2020 年，《“双百企业”推行职业经理人制度操作指引》提出“鼓励‘双百企业’综合运用国有控股上市公司股权激励、国有科技型企业股权和分红激励、国有控股混合所有制企业员工持股等中长期激励政策，探索超额利润分享、虚拟股权、跟投等中长期激励方式”。从政策的脉络来看，政策层面对科技型企业、混改企业和双百企业进行的薪酬激励制度改革推进得较为深入，期待相关薪酬激励政策能在更多、更广泛的国有企业中实施推进。

二、优秀民营企业人才观念和人才激励研究

近年来，一些优秀的中国民营企业脱颖而出，在中国乃至世界都成为备受瞩目的明星企业。分析这些优秀企业的用人经验，不难发现其发展模式之一就是不断吸纳业界的顶尖人才，并依靠他们实现企业价值，进而推动企业发展。这些企业大多既有对优秀人才的“虹吸”能力，也有人才“造富”的能力，更有充分挖掘人才价值和价值实现的能力。它们的用人观念和在人才激励方面的做法值得深入研究和学习借鉴。

（一）围绕人力价值构建企业价值

优秀的民营企业在用人方面有一个共同的特征就是重视人才的价值，并且能够围绕人才的价值来构建企业的价值。

谈及资本的时代，我们就不得不谈到人力资本价值。20 世纪 60 年代，美国经济学家舒尔茨和贝克尔创立了人力资本理论。人力资本理论认为，人力资本是指存在于人体之中的具有经济价值的知识、技能和体力等质量因素之和。人力资本是一种“活资本”，它具有创新性、创造性，比物质、货币等硬资本具有更大的增值空间。对人力资本进行投资带来的企业价值增长作用显而易见。正是意识到人力资本的价值，大量优秀的民营企业非常重视对人力资本进行战略储备和投资。2019 年，华为对部分 2019 届顶尖毕业生实行年薪制管理。入选的 8 名人员全部为 2019 届应届博士生，其年薪最低为 89. 6 万元，最高为 201 万元。除了科技型人才，经营管理人才储备对企业战略发展起到至关重要的作用，更是成为很多优秀民营企业必须占领的高地。

如何把人作为一种资本并实现人力资本的价值，这取决于整个企业对人的认识和

假设。管理心理学有关于“经济人”“社会人”“自我实现人”“复杂人”的四个假说。“经济人”假说认为，人是自利的、懒惰的，所以对人的管理应该用严格的“奖惩制度+专制”的管理体制。这种假说始于工业革命时期以计件类工作任务为主的工作任务。这种观点假定人对工作的驱动和需要始于物质需要，所以它认为人工作的驱动力是物质经济利益。按照马斯洛的需要层次理论，它确实满足了人的底层需要，但是它却不可避免地忽视了人还有追求安全、自尊、情感、社会地位、自我实现等更高层次的需要。在知识程度越来越高、工作日益复杂的时代，这种观点显然不能更好地适应企业的发展。随后“社会人”假设应运而生，这种理论则认为管理任务的重点不是满足个人的经济动机，而是要着重建立良好的人群关系和培养个人的良好动机，使其朝着有利于实现组织目标的方向发展。在这种假说确立之后，管理方式也随之从专制转变为民主、沟通的领导体制。管理心理学家在深挖人的动机和需要后，又创立了“自我实现人”假说。“自我实现人”假说认为，人富有创造力，有自我实现的需要，管理的重点是目标导向和奖赏。这种假说对于那些不乏物质和人际基础，却又忘我地投入工作的管理者、创新者、发明创造者的深度投入工作的工作行为作出了很好的诠释。当然，以上三种假说在当今社会都有存在的价值，但也都有不足，哪一个假说也不能涵盖所有类型职场人的行为，因此“复杂人”假说应运而生。“复杂人”假说是综合了以上所有的观点，强调对不同的人采用不同的管理方式。

在当今的职场上，企业用人观点建立在不同的人性假设的基础上，则对待人才的看法和做法也会不同。企业的经营管理者和核心技术人才属于高层次人才，他们的特征决定了他们更适合“社会人”和“自我实现人”假说，企业应该基于这两种假设，以最大化地尊重人的价值的方式来设计公司文化，进而形成相应的工作氛围和组织架构。国外很多企业包括中国很多大企业都有专职的工业与组织心理学专家，这些工业与组织心理学专家在企业的作用就是随时发现企业的管理问题——对工作进行设计，对团队有效性进行研究，进而对组织的方方面面进行优化，提升企业人才的满意度，留住人才、激励人才、使人才价值充分实现。

（二）建立高标准的薪酬激励制度

优秀民营企业的另一个特征是能够识别人才的价值，并采取多种形式对人才进行激励。

华为在1996年就引进了国外的任职资格标准，随后也引入了职位评价体系，并依此对个人价值贡献进行评估，匹配相应的薪酬和激励。字节跳动在人才战略上更是形成了高薪吸引业内顶尖人才的方式。其对人才的态度就是“挖人不看成本，看回报和产出”。字节跳动总裁曾在内部信中说，“几乎没有哪个行业领头的公司是通过控制人力成本来实现领先的。”要求HR（人力资源）部门每年至少要对市场薪酬做一次定位，保持市场薪酬在业内领先。在这样的人才战略的指引下，字节跳动经常以2倍、3倍的薪酬来挖走业界人才。

在中长期激励方面，优秀的民营企业更是很早布局，到现在走在了业内前列。在国内企业中，华为最早提出了人力资本投资优先于财务资本投资的理念。其在创业伊始的20世纪90年代初就开始搞员工持股分红计划，以贡献、能力、职位、劳动态度和发展潜力为指标，对员工进行综合评价，从而确定每个员工的配股额。华为在2013年实行了TUP（时间单位计划）。TUP计划是根据员工不同的岗位、绩效配备相应的股票期权。这是一种分红权和增值权，不需要现金购买，以五年为一个周期。TUP使员工为了获得股票的增值而更加积极工作。

跟投机制始于地产公司。2014年，万科、碧桂园两家地产巨擘几乎同时启动事业合伙人计划，接下来的五年跟投制度迅速在除国企外的多数百强房企中推广，且基本以万科、碧桂园模式为范本，激励效果显著。以万科为例，截至2018年底，已经有715个项目引入了跟投，2010—2018年，通过经济利润奖金和跟投收益，公司管理团队一共拿走了149.3亿元，同期公司归母净利润共计1612.9亿元。

（三）对国有企业的借鉴和启示

近年来，国有企业改革逐步向更深层次推进。国企改革实践表明，市场化经营管理人才是激发国有企业的活力、提升国有企业竞争力的一个重要因素。国有企业平台优势能吸引来优秀的市场化经营管理人才，但是能让他们真正在国有企业落地生根、发挥价值却不是轻而易举的事。从近些年来国有企业市场化选聘经营管理人才的后续跟踪情况来看，大部分国有企业对市场化经营管理人才期待较高，能够最大化地提供高职位和具有市场竞争力的薪酬来引进人才，而市场化经营管理人才经验丰富，在专业知识和专业能力方面也比较优秀，有能力在实现个人价值的同时提升企业业绩，促进企业发展。从人才的供需方面来看，可谓十分匹配，但是事实上，市场化选聘经营管理人才在企业的“长期生存率”并不高，这就使国有企业对选聘市场化经营管理人才的热情逐渐趋冷。出现这种情况的原因很复杂，有的是被动离职，因为契约业绩未达成等；有的是主动离职，因为激励不到位、与企业融合性不好导致“水土不服”等。

优秀民营企业积极的用人观念和先进的激励制度满足了人才的高层次的要求，使人才价值转化为企业价值的可能性提高，也使企业业绩水平逐年提升，发挥了很好的标杆作用。在国有企业深化改革的关键期，国有企业可以学习借鉴这些优秀的民营企业在用人观念和激励制度方面的做法，激活国有企业人才价值，促进国有企业改革取得重要进展。

一是重视人才战略，重视人力资本价值，营造良好的职场环境。很长一段时期以来，国有企业存在根深蒂固的“官本位”思想，企业的管理方式和企业文化不可避免地受这种思想影响，形成了僵化且等级森严的管理机制。在这样的机制下，从市场上来的人才出现“水土不服”也就不足为奇了。此外，部分国有企业在人才价值认同方面尚有欠缺，人才观念还没有实现从“行政人事”到“人力资源”的转变，更难以形成发挥人才价值的人才战略。因此，这些企业首先需要重视人力资本价值，确认人是公司最重要的资本，最后逐步开展“人才价值”的识别工作，营造适合人才发挥作用的环境。

二是积极探索中长期激励模式。目前国有企业薪酬制度改革在不断推进深化，部分国有企业已逐步推行差异化薪酬，一些省市也在积极探索职业经理人薪酬在工资总额单列，但是在推行企业全面市场化薪酬方面还任重道远。中长期激励是留住核心关键人才的重要制度，同时也能很好地把企业长远发展和短期目标结合起来。因此，国有企业薪酬制度改革应与中长期激励同步推进，探索形成适合企业实际情况的中长期激励模式。

第十章 宁波职业经理人能力特征分析与幸福指数研究

一、宁波职业经理人能力特征分析①

职业经理人是现代经济高效运行中的关键因素，他们为宁波这座城市数十年的高速发展作出了不可磨灭的贡献。近些年来，宁波 GDP 连续保持在全国第 12 位、"246"产业计划不断聚焦发展、新兴产业不断引进和培育、家族企业向现代企业转型、更多优秀企业上市，这些变化为职业经理人提供了更加广阔的平台，也催生了评估、选拔及任用更多优秀职业经理人的需要。为此，宁波市职业经理人协会联合浙江湃思大数据技术服务有限公司，结合 PPIS 大数据职业潜能和优势评估技术，对宁波职业经理人群体的职业优势进行底层大数据分析解码，以期从总体上对宁波职业经理人群体进行评估，为职业经理人更好地发展自己，进而为企业作出更多贡献提供参考依据。

为了进一步研究宁波职业经理人的群体能力特征、更好地支持职业经理人发展和提高，宁波市职业经理人协会通过 PPIS 职业潜能评估系统向该群体发放问卷，并回收100 份职业能力评估个人报告。PPIS 职业潜能评估系统是在 1996 年国家人事部（2008年被裁撤，相关职能归入国务院人力资源和社会保障部）的《管理者行为风格问卷》的基础上，结合 2015 年版的《中国职业大典》中职业能力的逻辑编码而开发的数字化职业优势分析系统。

根据个人报告中职位、企业等信息，筛选出知名企业部门经理及以上职位和中小企业总监级别以上职位的经理人样本 37 份，覆盖运营、销售、研发、人力资源等多个岗位。通过 PPIS 职业潜能优势评估系统计算及职业优势评估数据分析可知，参与职业

① 由浙江湃思大数据技术服务有限公司董事长周勇刚、宁波智聘企业服务有限公司总经理张浩、宁波智聘企业服务有限公司总经理助理邓国海执笔。

经理人调研的宁波职业经理人群体，体现出以下特征：整体计划和推动意识强，擅长逻辑思考，善于跨界学习并提供解决方案，风险与规则意识强；愿意帮助他人成长，能够接受支持服务性工作；沟通表达比较直率，喜欢使用专业用词，与人交流生动性、有效性不足。

通过以上职业优势评估数据分析，结合职业经理人在不同职能岗位上的工作职责差异，我们设计了两个绩优职业经理人模型，分别为运营型职业经理人模型和业务型职业经理人模型。每个模型分别选取五个相应能力维度进行建构，得出以下结果：宁波职业经理人群体运营能力优于业务能力，即职业经理人的内部管理能力突出，外部市场开拓能力相对较弱。

基于马斯洛需求层次理论，根据数据表分析，宁波职业经理人群体具有如下需求特征：目标感强，做事追求结果；做事遵循规则，相对偏谨慎；追求结果、个性务实，对未来个人成长与发展有较高需求；总体上对工作氛围和睦、融洽缺少关注，缺乏对企业归属感的关注。

通过 PPIS 团队特质分析模型的数据演算，可以看出宁波职业经理人在管理团队中承担的角色在“研究型”“规则型”“管控型”“学习型”方面得分较高，而在“营销型”“享乐型”“策划型”“进取型”方面得分较低。(见图 10－1)

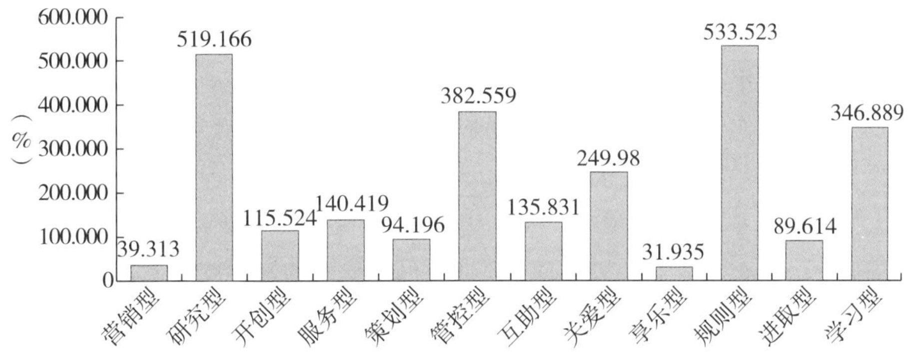

图 10－1　PPIS 团队特质分析结果

此外，通过 PPIS 个性化激励分析模型的数据演算，发现宁波职业经理人群体个性化激励需求较高的有：“模范表彰”“年度收入”“轮岗锻炼”“岗位晋升”“工作扩大”等，较低的有：“情感关怀”“奖金提成”“基本工资”。这表明职业经理人群体期望在企业中得到正式的、公开的荣誉和认同（如企业内部的公开表彰），获取相应的年度综合收入、股权激励，得到职位晋升、在更多岗位上得到锻炼和成长的机会或者工作内容更加丰富等；相对而言，对于短期收入、短期奖金激励及非正式的情感关怀的需求较小，说明职业经理人群体更愿意在相对较长的时间里和企业发展同呼吸、共命运。

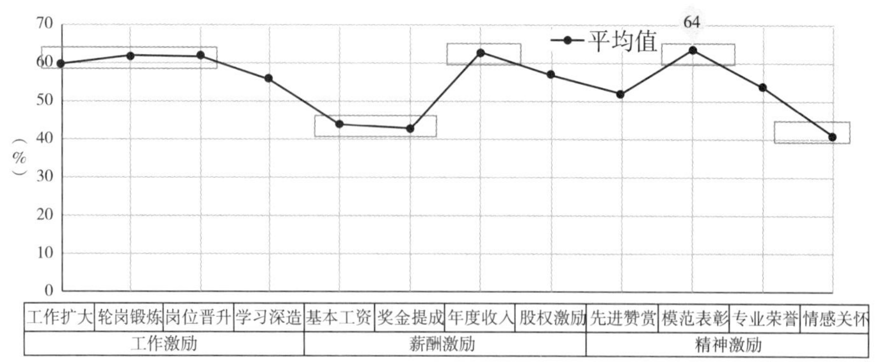

图 10－2 PPIS 个性化激励分析结果

总地来看，宁波职业经理人群体的典型特征大体可以概括为以下三个方面。

一是务实、严谨、善于分析、原则性强、善于自我学习提升、沟通直率等，通过对照分析两个绩优职业经理人模型，总体上体现出了较好的运营管理特点，而在业务营销方面缺乏优势表现；二是擅长研究和管控，务实谨慎，关注个人学习成长，但在工作关系处理方面有待进一步关注和提升；三是愿意承担更多职责，愿意和企业保持长期合作，与企业同呼吸、共命运。

二、宁波职业经理人幸福指数研究①

在中国近几十年的经济发展中，职业经理人作为重要的职业群体之一，有着不可磨灭的贡献。但是作为业界精英、企业翘楚的职业经理人群体是否幸福呢？如果幸福，幸福又源于哪里呢？如果不幸福，又为什么不幸福呢？对这些问题的研究将有助于职业经理人群体把握幸福规律与方法，进而更好地提高幸福感和幸福力。为此，宁波市职业经理人协会联合宁波工程学院研究团队，结合宁波职业经理人发展实际情况，根据中外相关研究成果，设计了宁波职业经理人幸福指数调查问卷，形成了 2020 年宁波职业经理人幸福指数研究结果。

幸福指数，是衡量人们对自身生存和发展状况的感受和体验，即衡量人们幸福感的一种指标。它是通过一套有理论基础的指标的标准化测量，对人们幸福感的主观判断进行检测而得出的数据指标。

在过去十多年里，有关机构围绕职业经理人开展的为数不多的几次有关幸福的调查结果分别显示，其中一家机构统计 55.19% 的职业经理人觉得自己不幸福或只有在很少的

① 由宁波工程学院教授，原副校长王菁华，宁波工程学院经管学院讲师柴敏波，宁波工程学院经管学院副教授莫群俐，宁波工程学院理学院副教授陆星家，宁波工程学院图书馆馆员胡伦执笔。

时候才能感到幸福；而另外一家机构统计 47.7% 的职业经理人表示幸福感一般，谈不上幸福。宁波市职业经理人协会曾经与宁波大学合作开展的宁波职业经理人幸福感调查结果显示，职业经理人的幸福感处于中等水平，这与他们相对较高的经济地位不太相称。

为持续跟踪掌握职业经理人幸福感的发展变化情况，2020 年，宁波职业经理人协会联合宁波工程学院联合开展了宁波职业经理人幸福指数调查研究。本次调查问卷从影响宁波职业经理人幸福的先天基因因素、后天外在环境因素、后天内在心理因素三方面入手，构建了宁波职业经理人幸福指数指标体系。

本次问卷调查采用问卷星回收问卷，共收到问卷 105 份，有效问卷共 105 份。有效问卷中受访者的年龄结构主要分布在 30～50 岁，大约占到 7 成；男女性别各占半壁江山；大专以上学历约占 90%；所在行业以服务业最多，占一半以上，从事制造业的仅占 15.24%。

通过统计分析与研究，得到的结果显示，感觉自己非常幸福的占 18.10%，还算幸福的占 71.43%，不特别幸福也不特别不幸福的占 8.57%，不太幸福的占 0.95%，非常不幸福的占 0.95%。如果按 5 分为幸福度的满分折算，宁波职业经理人的幸福指数应为 4.05，处于中等偏上水平，总体符合宁波社会经济的发展状况。具体内容如表 10－1 和图 10－3 所示。

表 10－1　　幸福满意度频度分析表

选项	频数	百分比（%）	累积百分比（%）
非常幸福	19	18.10	18.10
还算幸福	75	71.43	89.53
不特别幸福也不特别不幸福	9	8.57	98.10
不太幸福	1	0.95	99.05
非常不幸福	1	0.95	100.00
合计	105	100.00	

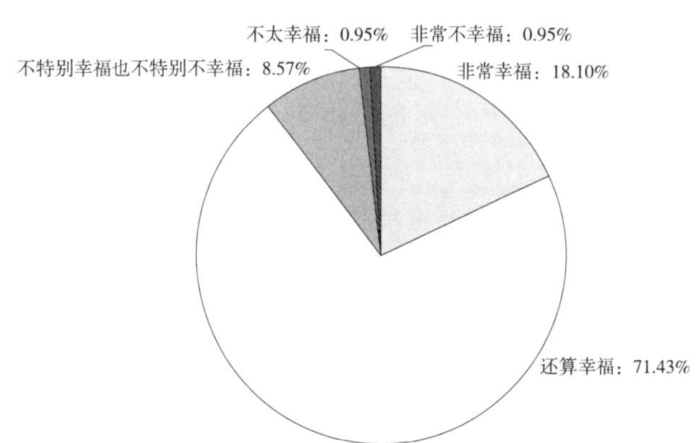

图 10－3　幸福满意度频度分布图

在幸福影响因素的调查中，认为幸福主要由父母的基因决定的占8.57%，主要由收入的多少决定的占20.95%，主要由地位的高低决定的占5.72%，主要由城市与组织环境的好坏决定的占11.43%，主要由自己精神生活的品质高低决定的占53.33%。具体内容如表10－2和图10－4所示。

表10－2　　幸福影响因素频度分析表

选项	频数	百分比（%）	累积百分比（%）
父母的基因	9	8.57	8.57
收入的多少	22	20.95	29.52
地位的高低	6	5.72	35.24
城市与组织环境的好坏	12	11.43	46.67
您自己精神生活的品质高低	56	53.33	100.00
合计	105	100.00	

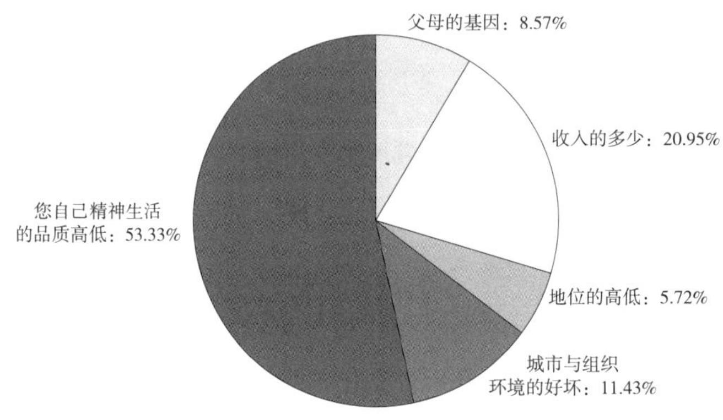

图10－4　幸福影响因素频度分布图

本文通过采用SPSS进行的Pearson相关分析，针对宁波职业经理人幸福指数相关性分析有如下结果：

一是先天因素与宁波职业经理人幸福感不相关，也就是说，宁波职业经理人认为，幸福更多由自己决定，而不是由家庭或者父母决定。

二是营商环境与宁波职业经理人幸福感存在正相关关系，即宁波职业经理人幸福感较高，有一部分原因可能是对于营商环境满意，客观幸福度对于主观幸福感有积极促进作用。

三是收入满意度与宁波职业经理人幸福感存在正相关关系，说明收入满意度越高，其幸福感越强，但收入本身与幸福感并不相关。

四是人际关系与宁波职业经理人幸福感存在正相关关系，并且亲朋好友对其幸福感的影响比同事对其幸福感的影响更大。

五是身体健康与宁波职业经理人幸福感存在正相关关系，表明身体健康会对幸福感提升产生很大的影响。

六是社会认可度与宁波职业经理人幸福感存在正相关关系，也说明职业经理人群体更关注自我价值的实现，也就是马斯洛需求理论最高等级的幸福，即“人的全面发展”。

七是知识、智慧和美德与宁波职业经理人幸福感存在正相关关系。其中，知识与智慧由好奇心、喜爱学习、判断性思维、创造性、情商、洞察力 6 个指标构成。在 6 个指标中，好奇心、判断性思维、创造性与宁波职业经理人幸福感更密切。美德因素中勇气、仁爱、正义、节制、精神卓越等均与宁波职业经理人幸福感存在正相关关系。

基于以上的分析研究，可以初步获得宁波职业经理人调查群体幸福指数的调查结果：

一是宁波职业经理人调查群体总体幸福指数较高。感觉非常幸福和还算幸福的比例高达 89.53%，不特别幸福也不特别不幸福的占比为 8.57%，不太幸福和非常不幸福的比例仅为 1.90%。国际知名民调机构益普索集团（Ipsos）发布的《2020 年度全球幸福感调查报告》显示，在参与调查的国家中，中国是幸福指数最高的国家，感到非常幸福或比较幸福的中国人所占的比例高达 93%。相比较而言，宁波职业经理人调查群体的幸福感虽然低于 93%，但总体还是较高的。

二是后天内在心理因素对于宁波职业经理人调查群体幸福感的影响最大。在幸福影响因素感知调查中，认为先天因素对其幸福感有影响的仅占 8.57%，认为主要由收入、地位、城市与组织环境等后天外在环境因素对其幸福感产生影响的占比分别为 10%～20%，认为主要由自己精神生活的品质高低对其幸福感产生影响的占 53.33%。

而相关性研究也显示，精神生活的品质高低，即勇气、仁爱、正义、节制、精神卓越这五大美德，大多都与幸福感显著相关，而且相关系数大于先天因素和后天外在环境因素。由于这些美德和优势会让职业经理人拥有更多的积极情绪，拥有更多工作事业中的价值感、使命感和心路体验，拥有更为和谐的人际关系，拥有更多内心和谐，因此会感受到更高的幸福感。所以，美德和优势这些后天内在心理因素的感悟比收入、地位等外在环境因素、先天因素等更能影响宁波职业经理人调查群体的幸福感。而不幸福的群体不幸福的原因多半与人际关系不够和谐、消极情绪较多、过多看重物质等外在因素有关。

因此，研究结论显示，宁波职业经理人在先天因素不能改变、后天外在环境因素不能持续保障幸福的情况下，应该从六大美德出发，感悟幸福之“道”，修炼幸福之“术”，成熟幸福心智，提升幸福张力。

参考文献

［1］田婷．新一轮国企改革怎么干［EB/OL］．（2021－03－01）https：//gzw. ah. gov. cn/ztzl/zt/gqggsn xd/55575921. html.

［2］李继洪．《云南省国企改革三年行动实施方案（2020—2022年）》出炉［EB/OL］．（2021－03－02）https：//baijiahao. baidu. com/s？ id＝1693045995245362546.

［3］国企改革为何要读懂这张“施工图”新华网［EB/OL］．（2021－01－07）．http：// www. sasac. gov. cn/n4470048/n13461446/n15390485/n15390510/c16423387/content. htm.

［4］《广西国企改革三年行动实施方案（2020—2022年）》［EB/OL］．（2020－11－17）．http：//www. sasa. gov. cn/n2588025/n2588129/c15986679/content. html.

［5］国务院关于印发《深化标准化工作改革方案》的通知国发〔2015〕13号．［EB/OL］．（2015－03－26）．http：//caf. ac. cn/info/1575/39346. htm.

［6］国资报告：国企改革显现加速度：［EB/OL］．（2021－04－13）．http：//www. sasac. gov. cn/n2588025/n2588139/c18022075/content. html.

［7］国企改革三年行动开局良好——访国务院国资委副主任翁杰明经济日报．（2020－12－28）．

［8］国资委规范国有企业公司章程制定管理加快推进中国特色现代企业制度建设［EB/OL］．（2021－03－02）．http://www. sasac. gov. cn/n2588035/n2588320/n2588340/c17344020/content. html.

［9］郝鹏：激发各类市场主体活力［EB/OL］．（2020－11－11）．http://www. sasac. gov. cn/n2588020/n2877938/n2879597/n2879599/c15937517/content. html.

［10］贾薇．浅析开展职业经理人团体标准建设的作用与意义［N］．企业观察报，2021－08－23.

［11］江西省政府新闻办、省国资委联合召开省国资国企改革创新三年行动新闻发布会［EB/OL］．（2020－12－18）．http://gzw. jiangxi. gov. cn/art/2020/12/18/art_

22981_3002665. html.

［12］京版国企改革三年行动实施方案发布 新华网［EB/OL］.（2021 -04 -08）. http://www. bj. xinhuanet. com/2021 -04/08/c_1127305561. html.

［13］鞠跃. 民主测评在国有企业选拔经理层成员中的应用［N］. 企业观察报，2020 -08 -17.

［14］康俊生，晏绍庆. 对社会团体标准发展的分析与思考［J］. 标准科学，2015，3：6 -9.

［15］李佃鑫."三项制度"改革为国企发展注入新动力. http://www. rmlt. com. cn/2020/0623/584566. shtml.

［16］李佳. 我国团体标准发展现状分析——基于全国团体标准信息平台数据［J］. 标准科学，2017，5：23 -27.

［17］李锦. 解读2020年政府工作报告：抓行动 提成效是2020年国资国企改革主题［EB/OL］.（2020 -05 -22）http://www. zytt. org. cn/zheng yan zhi hui/722. html.

［18］李霄坤. 上市公司高管薪酬影响因素研究［D］. 吉林：吉林大学，2013.

［19］刘新明. 关于职业经理人市场化选聘相关国家标准制定工作的思考［N］. 企业观察报，2020 -09 -28.

［20］祁中喻. 上市公司股权激励研究［J］. 合作经济与科技，2021（6）：130 -131.

［21］青海省印发《指导意见》推行职业经理人制度［EB/OL］.（2020 -05 -22）. http://www. gov. cn/xinwen/2020 -05/19/content_5512882. htm.

［22］山东举行省属企业2020年经济运行等情况新闻发布会［EB/OL］.（2021 -01 -27）. http://www. scio. gov. cn/xwfbh/gssxwfbh/xwfbh/shandong/Document/1697954/1697954. htm.

［23］山东省属企业已全部完成国企改革三年行动实施方案制定工作，已有11市正式出台［EB/OL］.（2021 -01 -27）. http://news. iqilu. com/shandong/yaowen/2021/0127/4765521. 8html.

［24］上海发布国企改革《实施方案》：新增10家企业科创板上市［EB/OL］.（2021 -01 -07）. http://kb. zhongguoxintuo. com/huibao -00000047264/

［25］上海市国资委详解上海国企三年行动方案［EB/OL］.（2021 -01 -11）. https://xw. qq. com/omn/20210111/20210111A04D8700.

［26］省国资委主要负责同志解读《安徽省国企改革三年行动实施方案（2020—2022年）》［EB/OL］.（2021 -02 -02）. http://cz. mas. gov. cn/gzgl/zcwj/2000657221. html.

［27］孙倩. 公司治理结构对股权激励方案激励性的影响研究［D］. 秦皇岛：燕

山大学，2012.

［28］滕悦．公司治理结构与上市公司高管薪酬关系的实证研究［D］．广州：华南理工大学，2011.

［29］天津市国资委党委，市国资委．先行先试　勇于创新　分类分层　全力推进经理层成员管理机制改革［N］．企业观察报，2021－04－05（9）．

［30］王波，郭慧婷，金晨红．我国团体标准发展现状及趋势研究［J］．中国标准化，2021（3）：71－74.

［31］王新红，白倩．国企与民企高管薪酬与股权激励比较研究——以我国A股上市公司为例［J］．技术与创新管理，2021，42（1）：85－94.

［32］王艳强．上市公司股权激励问题探究［J］．中国外资（下半月），2013（20）：242，244.

［33］王艳征．上市公司股权激励与公司绩效关系的实证研究［D］．济南：山东大学，2016.

［34］为贯彻落实《关于进一步加强和改进国有资产监督管理的若干意见》云南省国资委召开专题宣贯解读会［EB/OL］．（2020－08－20）．http://3g.163.com/dy/article/FKGNGO750514R9NO.html? =common－remmendlist.

［35］我省出台实施方案推动国资国企改革［EB/OL］．（2020－12－28）．http://baijiahao.baidu.com/s? id=1687288225014917421&wfr=spider&for=pc.

［36］吴文增．谈团体标准的发展及意义［J］．今日印刷，2019（3）：40－44.

［37］徐静，王法中，赵丽瑾，等．我国团体标准的发展历程及应用现状综述［J］．中国标准化，2018（18）：223－224.

［38］许春燕．背景调查在国有企业市场化选聘职业经理人中的应用［N］．企业观察报，2020－06－08.

［39］叶绍聪，魏君聪．我国政府促进团体标准发展的路径研究［J］．中国标准化，2018（1）：48－51.

［40］易文丰，龚思益．股权激励、内部控制质量与上市公司业绩［J］．财会通讯，2020（14）：60－63，77.

［41］于瑞娟，许春燕．推进双百行动突破发展瓶颈——三门峡戴卡轮毂制造有限公司市场化选聘职业经理人顺利完成［N］．企业观察报，2020－10－19（9）．

［42］在更高起点、更高层次、更高目标上推进经济体制改革——聚焦新时代加快完善社会主义市场经济体制的意见［EB/OL］．http://scjg.xingtai.gov.cn/article－view－id－4198.html.

［43］张红涛. 浅析国有企业经营管理人才市场化薪酬激励［N］. 企业观察报，2021－05－03.

［44］张红涛. 浅析优秀民营企业人才观念和人才激励［N］. 企业观察报，2021－06－28.

［45］张劲松，张含笑．成长期企业股权激励、核心竞争力与财务绩效——基于我国上市公司数据的实证研究［J］．学习与探索，2021，4：120－127.

［46］张伟．我国上市公司股权激励、产权性质和企业绩效的实证研究［D］．杭州：浙江大学，2018.

［47］张晓玉．2019年首期股权激励公告数拔历年头筹助力国企“混改”［N］．证券日报，2020－06－02.

［48］赵国敏，党洁，刘晓丹，等．以团体标准为抓手促进行业高质量发展模式分析［J］．中国标准化，2021，5：62－65.

［49］赵启芝．国有上市公司股权激励模式、行业差异与激励效果研究［J］．现代商业，2020，19：105－106.

［50］浙江省国资委召开省属企业工作会议暨全省国资监管工作会议［EB/OL］．（2021－01－21）．http://gzw.zj.gov.cn/art/2021/1/21/art_1229430728_21324.html.

［51］中央深改委通过《国企改革三年行动方案（2020—2022年）》［EB/OL］．（2020－06－30）．

［52］钟国臻，左英胜楠．高管股票期权激励对企业绩效影响的实证研究——基于我国A股上市公司的实证检验［J］．山东商业职业技术学院学报，2016，16（5）：7－11，31.

［53］周心．上市公司高管团队背景特征研究［J］．合作经济与科技，2019，16：126－127.